학교에서 가르쳐주지 않는 일본사

학교에서 가르쳐주지 않는 일본사

훈련된 외교관의
시각으로 풀어낸
에도시대 이야기

신상목 지음

뿌리와
이파리

일러두기

1. 인명, 지명, 작품명 등은 국립국어원의 외래어 표기법 규정에 따랐지만, 관례로 굳어진 경우는 예외를 두었다.
2. 일본의 인명과 지명은 일본어 발음으로 표기하였다.
3. 인명과 지명 외의 일본어 단어는 기본적으로 일본어 발음 표기를 원칙으로 하되, 한국어에서 우리말 한자음으로 사용되는 경우가 많거나(예: 천황天皇, 막부幕府, 번藩), 일본어 발음으로 표기할 경우 지나치게 생경해져 한자음으로 읽는 것이 뜻을 이해하기 쉽다고 판단되는 경우(예: 참근교대제参勤交代制, 〈대일본연해여지전도大日本沿海輿地全圖〉)에는 한자음으로 표기했다.
4. 일본어 발음으로 표기하는 명사에 한국 독자에게 익숙한 일반명사나 접사가 붙어 한 단어가 된 경우, 붙은 한자어는 한자음으로 표기했다(예: 메이지유신明治維新, 도쿄대학東京大學).
5. 도판은 퍼블릭도메인이거나 크리에이티브 커먼즈 라이선스를 따르는 것들이다. 혹시라도 저작권을 침해한 것이 있다면 알려주기 바란다.
6. 단행본, 장편소설, 정기간행물, 신문, 사전류 등에는 겹낫표(『』), 단편소설, 논문 등에는 홑낫표(「」), 예술작품, 영화, 지도 명에는 홑화살괄호(〈 〉)를 사용했다.

차 례

17세기 초 주요 번藩

● 다이묘大名 / 번藩

숫자는 고쿠다카石高(단위: 1만 석 기준)

(주: 에도시대에는 '구니가에國替え'라 하여 막부의 다이묘에 대한 상벌로서 다이묘의 영지를 바꾸는 일이 혼하였다. 특정 시기의 명확한 번藩 간 경계를 확정한 지도라기보다 주요 다이묘와 번의 위치를 파악하는 데 유효한 지도로 작성되었다.)

마에다 도시쓰네前田利常 가가加賀

마쓰다이라 다다나오松平忠直 기타노쇼北ノ荘

이케다 미쓰마사池田光政 돗토리鳥取 32

호리오 다다하루堀尾忠晴 마쓰에松江 24

이케다 다다카쓰池田忠雄 오카야마岡山 32

후쿠시마 마사노리福島正則 히로시마広島 50

모리 히데나리毛利秀就 조슈長州 36

호소카와 다다오키細川忠興 고쿠라小倉 40

구로다 나가마사黒田長政 후쿠오카福岡 52

나베시마 가쓰시게鍋島勝茂 사가佐賀 36

다나카 요시마사田中吉政 구루메久留米 30

나가사키

가토 다다히로加藤忠広 구마모토熊本 54

시마즈 이에히사島津家久 사쓰마薩摩 62

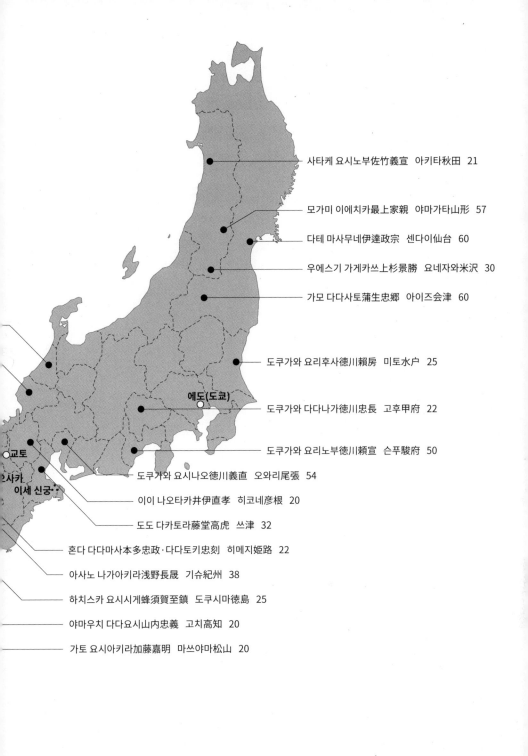

사타케 요시노부佐竹義宣　아키타秋田　21

모가미 이에치카最上家親　야마가타山形　57

다테 마사무네伊達政宗　센다이仙台　60

우에스기 가게카쓰上杉景勝　요네자와米沢　30

가모 다다사토蒲生忠郷　아이즈会津　60

도쿠가와 요리후사德川頼房　미토水户　25

도쿠가와 다다나가德川忠長　고후甲府　22

도쿠가와 요리노부德川頼宣　슨푸駿府　50

도쿠가와 요시나오德川義直　오와리尾張　54

이이 나오타카井伊直孝　히코네彦根　20

도도 다카토라藤堂高虎　쓰津　32

혼다 다다마사本多忠政·다다토키忠刻　히메지姬路　22

아사노 나가아키라浅野長晟　기슈紀州　38

하치스카 요시시게蜂須賀至鎮　도쿠시마徳島　25

야마우치 다다요시山内忠義　고치高知　20

가토 요시아키라加藤嘉明　마쓰야마松山　20

에도(도쿄)

교토

오사카

이세 신궁

> "역사는 타이밍, 사람, 상황 그리고 우연의 복잡한 얽힘이다
> History is an intricate web of timing, people, circumstances and serendipity."
>
> — 돈 리트너Don Rittner(미국 역사학자)

영화 〈올드보이〉의 장면 하나. 감금에서 풀려난 오대수(최민식 분)가 이우진(유지태 분)에게 묻는다.

"왜 날 가둔 거냐?"

이우진이 대답한다.

"아니죠. '이우진은 왜 오대수를 가뒀을까?'가 아니라 '이우진은 왜 오대수를 풀어줬을까?', 이렇게 물어야죠."

의미심장한 대답이었다. 이우진의 진짜 복수는 그때부터 시작이니까.

"There are no right answers to wrong questions." 미국의 작가 어슐러 르 귄Ursula Le Guin이 한 말이다. '질문이 그르면 답이 올바를 수 없다'는 것이다.

아래와 같은 한일관계에 대한 질문을 해보자.

'한국은 고래古來로 일본에 문물을 전수해주었지만, 일본은 은혜를 원수로 갚았다. 500년 전 조선을 침략하여 국토를 유린하였고 100년 전 강제로 나라를 빼앗았다. 일본은 메이지유신 이후 급속한 근대화에 성공하여 국력을 키웠지만, 조선은 근대화의 파고를 넘지 못하고 일본에 주권을 찬탈당하는 비운을 겪어야 했다. 한국은 왜 근대화의 문턱에서 일본에 뒤처지게 되었을까?'

흔히 볼 수 있는 한일관계에 대한 문제의식이다. 그러나 상기 진술에는 오류가 있다. 어디인지 잠시 생각해보시기 바란다.

찾으셨는가? 찾는 데 어려움을 겪은 분이 계시리라 믿는다. 답은 '한국은 왜 근대화의 문턱에서 일본에 뒤처지게 되었을까?'이다. 조선이 근대화의 문턱에서 일본에게 뒤처졌다는 인식은 착각이다. 두 나라 간 국력 차이의 연원은 그보다 훨씬 길고 깊다. 개중에는 18세기 이후에 이미 일본의 국력이 조선의 국력을 추월했다고 말하는 사람들도 있다. 그러나 그런 사람도 정작 국력을 추월당했다는 것이 무슨 의미인지를 물으면 선뜻 답하지 못한다. 국력이 군사력, 경제력의 개념에 불과하다면 일본은 16세기에 이미 조선을 넘어섰다. 그러나 근대화의 원동력으로서의 국력은 군사력, 경제력보다 훨씬 더 복합적이고 다층적인 개념이다.

착각의 출발점은 근대화 이전의 두 나라가 비슷했다는 생각이다. 동아시아의 한·중·일 삼국은 19세기 들어 압도적 문물로 무장한 서구 세력의 공세적 진출을 맞아 위기와 혼란을 겪고 있었다. 외양만 보면 크게 다를 바가 없었다고 인식하는 것도 무리는 아니다. 그러나 그 이후의 역사 전개를 생각한다면 그러한 인식에 한 번쯤 의문을 품을 만하다. 삼국 중에 유독 일본만은 19세기 중반 이후부터 홀로 다른 길을 걸었다는 것은 다들 잘 알고 있지 않은가.

1868년 메이지유신이 선포되고 근대화의 기치가 내걸렸을 때, 일본은 그를 기다렸다는 듯이 소화하고 약진하였다. 국가체제의 일신을 기한 지 40여 년 만에 세계 질서를 주도하는 열강의 대열에 오르는 기염을 토했다. 반면 비슷한 시기 갑오경장과 양무운동으로 대변되는 조선과 청나라의 근대화 시도는 뭐 하나 되는 것이 없었다. 중국은 열강의 침탈과 내분으로 갈기갈기 찢기었고, 조선은 아예 독립국으로 존립하지 못하고 망국의 길을 걸었다. 서세동점西勢東漸의 시기에 근대국가 수립이라는 시험대 앞에서 일본은 최우등생, 중국은 열등생, 조선은 낙제생이었다. 무엇이 그러한 차이를 만들었을까?

(이 책의 초고를 쓰고 있는) 2017년 현재 일본은 총 25명의 노벨상 수상자를 배출했다. 최근에는 2014년부터 2016년까지 3년 연속 수상자를 배출하였다. 물리, 화학, 생의학 등 노벨상의 꽃인 기초과학분야에서 수상자가 쏟아진다. 한국에서는 그때마다 한바탕 난리가 난다. '도대체 왜 한국은 노벨상 수상자를 배출하지 못하는가?' 자조와 반성의 문답이 오가는 한편에 '일본은 도대체 어떻게 그것이 가능한 것인가?'라는 물음이 곁들여진다. 안타깝게도 그에 대한 답을 구하는 타임 스팬time span이 100년을 넘지 못한다. 일본의 지적·사회적 역량을 바라볼 때 그 원점으로 메이지

유신이 지목되고, 이후 근대화(또는 서구화) 과정에 부러움이 집중된다. 그러한 분석을 접할 때마다 의문이 꼬리를 문다. 일본의 저력을 만든 것이 정말로 그 100년일까? 과연 100년 만에 그러한 국가적 역량을 축적하는 것이 가능했을까?

이 책은 그러한 질문에서 출발하여 답을 찾아나가는 여정의 기록이다. 그러한 여정의 끝에 도달한 종착지는 일본 '근세의 재발견'이다. 일본 근세는 한국인에게 생소한 역사이다. 한국 사회에서 중국과 서구의 역사는 메이저리그로 취급되지만, 일본의 역사는 존재감이 미미하다. 한국인들의 일본 역사에 대한 관심은 『대망大望』으로 대표되는 일본 센고쿠戰國시대의 영웅군담 스토리, 막말幕末 지사志士들의 네이션 빌딩nation building 스토리, 러일전쟁에서 태평양전쟁 시기에 이르는 전쟁 스토리에 집중된다. 그나마 개인적 관심이 있는 사람들에 한해서 그렇다.

일본의 역사 중에서도 '에도江戶시대'라 불리는 일본의 근세는 한국인들에게 트리플 마이너리그의 역사이다. 17세기 초반 에도 막부 성립에서 19세기 중반 메이지유신 이전까지의 에도시대에 대한 한국인들의 지식은 '진공眞空'에 가깝다. 근세는 일본 역사가들이 고안한 시대 구분이다. 서구의 '중세Middle Ages-근대Modern Age'의 시대구분 사이에 일본인들이 '근세近世·early modern age'라는 '중개적intermediate' 시공을 설정했다. 한국에서는 그 이유도 알지 못하고 그 시대 구분을 무비판적으로 한반도에 적용하기도 한다.

일본인들은 왜 근세라는 시공을 설정했을까? 한국의 역사 교과서에 등장하는 에도시대의 일본은 임진왜란 때 납치한 도공이나 조선통신사에게 한 수 배우며 선진 문물을 습득한 문명의 변방국이다. 고대 중화문명 확산 경로의 선후관계에서 비롯된 한국인들의 일본에 대한 문화적 우월감은 에도시대로까지 자연스럽게 연장되고 고정관념화되어 있다. 단언컨대, 일본의 근세 260여 년을 그런 식으로 바라보는 나라는 한국뿐이다.

에도시대는 서구의 르네상스, 대항해시대에 버금가는 전환의 시대이고 축적의 시대였다. 동아시아 삼국의 근대화 경로의 운명을 가를 거의 모든 선행조건들이 그 시기에 결정되었다. 많은 일본 연구자들이 서구나 중국 문명과 구별되는 독자적 문명으로 분류되어야 한다고 주장할 정도로 에도시대의 일본은 문명의 흡수, 재생산이 역동적으로 진행된 시기였다. 일본이 근대화에 성공하여 열강의 반열에 올라설 수 있었던 원동력이 궁금한가? 한때 동아시아 전체를 넘보던 국력과 세계를 제패하던 경제력의 원천이 궁금한가? 20명이 넘는 노벨상 수상자를 배출한 비결이 궁금한가? 그렇다면 메이지유신이 아니라 에도시대를 먼저 들여다봐야 한다.

일본 근세를 무턱대고 들여다보면 '익사이팅'하지 않다. 서구의 종교혁명, 시민혁명, 산업혁명 등의 드라마틱한 변화에 익숙한 사람들은 일본 근세에서 뭘 눈 여겨 봐야 할지조차 감이 오지 않는다. 반일 감정의 발로에서 조선과 뭐 그리 달랐겠냐며 의도적으로 폄하하려는 심리마저 있다. 그러나 근대성modernity을 '권위와 시장市場 간의 긴장', '경제의 분화와 전문화', '인적·물적 이동성의 확대' 등이 두드러지는 패러다임으로 정의한다면, 일본의 근세는 엄청나게 '드라마틱'하고 '익사이팅'한 시대이다.

에도시대는 일본의 경제사회적 '풍경landscape'이 밑바닥에서부터 변모하는 '전환의 시대'였고, 전근대와 근대를 연속선상에 놓이게 하는 '가교架橋의 시대'였다. 일본 근대화의 성공은 요즘 말로 하면 근세기의 축적이 서구와의 전면적 조우遭遇를 맞아 '포텐이 터진' 결과이다. 그런 관점에서 바라보면 일본 근세만큼 '흥미진진하고 배울 것이 많은exciting and educating' 역사가 없다.

(단재 신채호의 말이라고 잘못 알려져 있지만) 한국인들은 "역사를 잊은 민족에게 미래는 없다"는 말을 좋아한다. 손자孫子는 "지피지기知彼知己면 백전불태百戰不殆"라고 했다. 조지 산타야나George Santayana는 "과거를 기억하지 못하는 자는 그를 되풀이하는 저주에 빠질 것이다Those who do not remember the past are condemned to repeat it"는 말을 남겼다. 일본에게 나라를 빼앗긴 치욕을 잊지 말아야 한다면 왜 빼앗겼는지를 알아야만 할 것이다. 조선은 선善한데 일본이 악惡해서 나라를 빼앗겼다는 선악론은 역사를 반쪽만 바라보는 것이다. 어떠한 역사관을 택하건 부정할 수 없는 사실은 20세기 벽두에 조선은 약했고 일본은 강했다는 것이다. 따라서 질문은 '왜 일본은 강했고 조선은 약했는가?'에서 출발하여야 한다. 질문이 그러하다면 일본의 근세는 한국인들이 조선의 근세만큼이나 파고들어야 할 역사라는 결론에 도달할 수 있을 것이다.

일본의 근세는 조선 근세의 거울이자 동전의 양면이다. 일본의 근세를 보면 비로소 조선의 근세가 뚜렷하게 보인다. 그것이 주변국 역사를 공부하는 묘미이다. 한국의 과거, 현재, 미래에 적용할 수 있는 통찰과 영감을 원하거든 『삼국지』나 『손자병법』이 아니라 에도시대 역사서를 들여다보라고 말하고 싶다. 이 책은 일본에 나라를 빼앗긴 뼈아픈 역사를 갖고 있는 한국인들이 가장 주목해야 할 역사이지만 가장 '주목받지 못하는 역사'인 일본 근세에 대한 한국 내의 관심과 이해를 돕기 위한 목적으로 쓰였다.

필자가 전문적 학자는 아니기에 이 책은 많은 한계가 있다. 능력도 부족하고 취지에도 맞지 않아 학술적 역사서로서의 기술 방식은 엄두를 내지 못하였다. 따라서 체계적인 정통사 공부에는 적합하지 않을 것이다. 반면 학문적 접근에서 자유로운 입장이기에 장점도 있다. 술술 읽히는 대중서로서 에도시대의 이모저모를 접하고자 하는 독자들에게는 이 책이 나름의 장점이 있을 것이다. 기존 한국 출판물에서는 잘 다뤄지지 않았던 에도시대의 실상에 대한 흥미로운 내용들이 입체적인 구성으로 담겨 있는 것은 이 책의 장점이다.

한 권의 책으로 에도시대를 모두 담을 수는 없다. 이 책은 일본의 근대화 성공에 기여한 '축적의 시간'이자 '가교의 시기'로서의 에도시대에 주목한다. 에도시대에 어떻게 근대화의 맹아가 태동하고 선행조건들이 충족되었는지 살펴보고자 하는 것이 주제이다. 그 과정에서 단순한 외양外樣을 넘어 그 이면에 자리한 자본, 시장, 경쟁, 이동, 통합, 자치, 공공이라는 근대성의 요소가 어떻게 '수용·변용·내재화'를 거쳤는지 나름의 시각으로 분석해보려 하였다.

그러한 분석에는 필자가 직업 외교관으로서 일본을 바라본 사정이 부지불식간에 작용하였을 것이다. 외교관의 세계에는 "유능한 외교관은 모든 분야에 대해 조금씩은 알아야 하고, 한 분야에 대해서는 모든 것을 알아야 한다A good diplomat must know something about everything and everything about something"는 말이 있다. 전문 학자만큼 깊지는 못할 것이나 다방면에 관심을 갖고 전체적 흐름을 읽어내는 능력을 중시하는 외교관의 직업적 특성은 주재국에 대한 이해에도 적용된다. 정치, 경제, 외교, 군사, 사회, 문화, 과학기술 등 한 사회를 구성하는 각 분야의 총합적 상호관계를 통시적diachronic·공시적synchronic 종횡으로 엮어내어 세계사적·지역적 좌표 속에서 이해의 틀을 구성하여야 한다. 외교 영역에서 주재국의 행동과 선택을 분석하고 예측하기 위한 직업적 동기에서 비롯된 것이므로 이러한 접근은 꽤 실용적인 것이라 할 수 있다.

그러한 총합적 이해의 틀에는 생활문화사적 접근이 중요한 요소로 내포되어 있다. 2000년 여름 일본에 처음 체류했을 때 인상 깊게 다가온 일본 역사학계의 동향 하나가 '생활문화사生活文化史'였다. 주류 역사학에서 벗어난 민속사 정도로 치부되는 분위기도 있지만, "'생활'에 대한 이해 없이 '정치'로 역사를 구성한다는 것은 잠망경으로 세상을 다 볼 수 있다고 생각하는 것과 마찬가지"라는 생활문화사 연구자들의 발상에 나는 동의한다.

인간의 삶을 구성하는 요인, 결정하는 구조의 방점을 정치에만 찍으면

놓치게 되는 것들이 너무나 많다. 인간의 삶을 팍팍하게 하는 것 또는 풍요롭게 하는 것들 중 많은 것들은 정치와 분리된 기술적 요소, 물질적 요소, 그리고 심리적·정서적 요인들의 발현이다. 그래서 일본의 생활문화사는 '삶의 설계design of life'라는 개념에 착목한다. 각 주체의 보다 나은 삶에 대한 의지가 구현되는 과정과 메커니즘 전체를 보는 것이 생활문화사의 관점이다. 무슨 왕조가 지배했고, 통치가 어떠했고, 지배층의 권력투쟁, 시민혁명, 계급투쟁이 어떠했고 등의 '정치작용' 이전에 의식주를 비롯한 인간의 기초 수요가 어떠한 물질적·정신적·사회적 작용의 상호관계 속에서 충족되는가가 생활문화사의 관심사이다. 따라서 생활문화사에서는 음식, 건축, 의복, 도서, 교통, 여행, 교육, 가족, 관혼상제, 예술 등 인간의 기초 욕구와 삶의 질에 영향을 미치는 모든 것이 역사를 구성하는 요소로 다루어진다.

인간의 삶을 해석하고 재구성함에 있어 '정치체' 이전에 '생활체'에 주목하는 시각은 일본인들이 에도시대에 그러한 원리를 직접 경험한 역사가 있기에 가능한 측면이 있다. 에도시대를 통틀어 정치체로서의 일본은 신분제, 봉건제에 바탕한 그저 그런 전근대 권위주의 착취형 사회이다. 그러나 생활체에 주목하여 에도시대를 바라보면 이야기가 달라진다. 주권재민 등 현대정치 이념은 상상도 할 수 없지만, 그러한 제약과는 별개로 자아를 실현하고 행복을 추구하고자 하는 개개의 삶이 모여 구성한 공동체의 존립 방식이 있었다. 단지 심리적·정서적 요인뿐만이 아니라 물질적·기술적 조건이 충족되었기에 가능한 사회의 존재방식이었다. 당시 형성된 구성원들의 정서적 태도와 생활양식은 알맹이가 꽤 단단한 것이어서 현대 일본 사회에도 연속성을 갖고 이어져 '일본적 정체성identity'의 근간을 이루고 있다. 에도시대를 알면 현대 일본을 더 잘 이해할 수 있다. 이 책의 상당 부분은 이러한 생활문화사적 관점에 기반하여 현대 일본의 원형原型으로서 에도시대의 다양한 모습을 담으려는 시도가 반영되었다.

생활문화사적 접근의 연장으로서 '도구사道具史적 접근'의 측면도 있다. 베르그송H. Bergson은 인간의 본질이 도구를 만들고 사용하는 능력에 있다는 취지에서 '도구의 인간Homo Faber'을 강조한 바 있다. 도구는 인간의 인지적·물리적 능력의 확장을 가능케 하는 모든 인위적 존재이다. 인류 문명사는 도구의 역사라고 해도 과언이 아니다. 망원경의 존재로 지구가 태양 주위를 돈다는 것을 인식할 수 있었고, 현미경의 존재로 미생물의 존재를 확인할 수 있었다. 도구는 인간의 인식체계를 확장하며, 한번 확장된 인식체계는 다시 원래의 크기로 돌아가지 않는다. 언어, 문자 등의 상징체계부터 각종 연장, 장치, 기계 등 인간의 의식과 의지가 반영된 도구의 존재로 인해 비로소 인간은 주어진 한계를 넘어서 도구가 제공하는 만큼만 미답未踏의 영역을 경험할 수 있다. 이 책에는 추상적 관념의 세계에서 탈피하여 실용과 실증의 세계로 나아가는 과정에서 나타난 에도시대의 각종 도구적 성취와 특징이 중요한 소재로서 다루어져 있다.

심리학은 인간이 기존의 지식과 경험을 통해 외부 자극을 받아들이고 재구성하는 인지認知 구조를 '스키마schema'라는 개념으로 설명한다. 아마존의 원주민과 도시문명인이 스마트폰을 보고 인지하는 것은 완전히 다르다. 아마존 한가운데에서 스마트폰을 지급하고 A지점에서 B지점으로 이동하라는 과제를 주면, 현대인은 지도 앱을 실행하여 길을 찾아가지만 원주민은 스마트폰은 버리고 산봉우리나 밤하늘의 별을 보고 길을 찾아 나설 것이다. 스키마의 바탕이 되는 지식, 경험이 완전히 다르기 때문이다. 아무리 우수한 도구라도 스키마의 맥락에서 벗어나면 무용지물에 불과하다. 에도시대는 일본인들에게 있어 전근대를 넘어 근대를 향하는 스키마의 형성, 전환, 확장의 시기였다. 역사, 정치, 경제, 과학, 문화 다방면에 걸친 정보의 습득과 실생활에의 응용을 통해 형성된 개방적이고 확장적인 스키마는 근대화 시기 일본 사회의 패러다임 시프트를 용이하게 하는 원동력이 되었다.

위와 같은 결론에 도달하기 위해 이 책에서는 관찰자에게 주어진 재량 범위 내에서 에도시대를 인위적으로 재구성하였다. 그 과정에서 특정 부분이 과대포장 되었을 수도 있고 그에 반증으로 제시될 수 있는 측면이 누락되거나 축소되었을 수도 있다. 그러한 부족함에도 불구하고 한국인의 시각으로 에도시대를 재구성하는 것은 그 자체로 의미가 있다고 생각한다. 한국의 근대화에는 일본의 근대화가 투영되어 있다. 현대 한국 사회의 많은 부분은 조선의 근세가 아니라 일본 근세의 연속 또는 연장이다. 따라서 일본 근세에 대한 이해를 높이는 것은 한국 근대화의 뿌리를 찾는 과정으로서의 의미가 있다. 한국 근대화의 뿌리를 찾기 위해서라도 일본 근세를 진지하게 조망할 필요가 있다는 것이 이 책의 주장이다. 그러한 주장이 수긍되어 향후 보다 전문적 견지의 다양한 연구와 분석이 속출하기를 바라는 마음이다.

마지막으로 이 책은 『월간조선』에 기고하던 '우동집 주인장의 일본 物語(모노가타리)'라는 연재물이 기초가 되었다. 졸필에 과문한 필자에게 국내 최고 월간지에 기고를 하도록 용기를 북돋아준 『월간조선』의 배진영 차장님께 감사의 말씀을 전한다. 수준 높은 화제작, 문제작으로 이름 높은 뿌리와이파리에서 출간 제의를 주신 것은 저자로서는 영광이다. 정종주 대표님, 박윤선 에디터님과 출간에 이르기까지 노고를 아끼지 않은 관계자 모든 분께 진심으로 감사드린다. 틈만 나면 글 쓴다고 컴퓨터에 머리를 파묻고 있는 대표를 불평 한마디 없이 받아준 기리야마의 직원들에게도 고마움의 마음을 전한다.

제1장

에도 한복판 200년 된
소바집의 의미

일본식 메밀국수인 소바는 일본을 대표하는 음식이다. 도쿄 주일대사관
인근 아자부주반麻布十番이라는 동네에 가면 '사라시나更科'라는 이름의
소바집 몇 군데가 밀집해 있다. 원조가 되는 집이 1789년에 창업하였으
니 228년의 역사를 자랑하는 '시니세老舗*이다.

  현대인들은 소바집이 어디에 있건 그다지 신기할 게 없을 것이다. 그러
나 200여 년 전에 도시 한복판에 소바집이 영업을 하고 있었다는 것은 결
코 예사로운 일이 아니다. 왜 예사로운 일이 아닐까? 그냥 설명하면 재미
가 없으니 필자가 타임머신을 타고 에도시대로 가서 취재한 가상 르포를
하나 소개한다.

---

* 선조 대대로 가업을 이어온 유서 깊은 점포 또는 사업체.

누노야 곤베에布屋權兵衛는 에도 아자부麻布에 자리 잡은 소바 식당 '사라시나'의 주인이다. 조부인 료헤에良兵衛가 간세이寬政 원년(1789년)에 에도에 소바집을 창업한 지 50년의 세월이 흘렀다. 곤베에가 3대째 가업을 잇고 있다.

누노야는 본시 포목을 업으로 하는 집안으로 시나노노쿠니信濃國*의 사라시나更科 출신이다. 산간지대인 신슈(시나노노쿠니)에는 시나노키科木 (피나무)가 울창하였다. 이곳 사람들은 예로부터 시나노키의 껍질을 벗겨 밧줄, 천, 종이를 만드는 기술을 익혔다. 누런 천을 돌로 문대고 양잿물로 표백漂白하여 희게 만든 고급천을 사라시누노晒布라고 한다. 누노야 집안은 사라시누노를 만들어 영주인 호시나保科 가문에 납품하였다.

료헤에는 호시나 가문의 에도 번저藩邸에 포목품을 납품하기 위해 빈번하게 출입하였다. 에도 업무가 많아지자 영주의 허락을 얻어 아예 번저 인근 다케야초竹屋町에 거주지를 마련하였다. 신슈는 소바 재배로 유명한 곳이다. 료헤에는 찰기가 부족한 소바가루로 면을 만드는 재주가 있었다. 푸슬푸슬한 가루로 면을 척척 만들어내었다. 호시나 번저 사람들은 료헤에가 만들어내는 구수하고 질소質素한 소바면을 먹으면서 그리운 고향의 향수를 달랬다. 호시나가家 사람들은 료헤에가 만든 소바를 막부 관료, 사원, 다른 영주들에게 선물하고는 하였다. 호시나 번저의 소바가 맛있다는 소문이 퍼지고 인기를 끌자 영주는 료헤에에게 아예

---

* 지금의 나가노長野현. 신슈信州라고도 한다.

소바 음식점으로 전업할 것을 권유한다.

도시 한복판에 소바집을 개업하는 것은 간단한 일이 아니다. 소바는 면을 삶고 헹구는 데 다량의 깨끗한 물이 필요하다. 메밀을 삶은 물이 금방 탁해져서 물을 계속 갈아줘야 한다. 차게 먹는 면이기에 삶은 다음 찬물에 여러 번 씻어야 한다. 다른 국수에 비해서도 몇 배나 되는 물을 사용하기에 물을 구하기 어려운 곳에서는 아예 소바집을 열 수가 없다. 신선한 재료가 상시 공급되는 '서플라이 체인supply chain'도 있어야 한다. 료헤에가 아자부에 소바집을 열 수 있었던 것은 이러한 조건이 충족되었기에 가능한 일이었다.

우선, 가게 앞에 다마가와상수玉川上水라 불리는 물길[水道]이 나 있어 언제든지 깨끗한 물을 쓸 수 있었다. 에도는 강 하구의 습지와 인공 매립지가 많아 우물을 파기가 어려웠다. 땅을 파면 소금기를 머금은 물이 올라왔다. 물이 없으면 사람이 살 수 없다. 막부는 이러한 도시 개발 제약 요인을 해소하기 위해 도시를 흐르는 물길을 만들었다. 에도는 비만 오면 시도 때도 없이 침수되는 늪지 투성이의 사람 살기 어려운 땅이었다. 도쿠가와 막부는 개부開府와 함께 대대적인 치수사업을 통해 에도의 거주성을 비약적으로 높였다. 에도에 거주하는 인구의 절반은 이미 매립지에서 살고 있다. 매립지 사이사이에는 거미줄처럼 물자 운송을 위한 운하와 상하수의 물길이 나 있다. 상전벽해라는 말이 에도처럼 들어맞는 곳은 없었다.

소바가루는 신선도가 중요하다. 메밀쌀을 산지에서 운반해와 가게에서 직접 갈아 제분해야 제 맛을 낼 수 있다. 신슈에서 에도까지는 200킬로미터의 거리이다. 예전 같으면 소바를 신슈에서 운반해오는 것은 엄두도 못 냈지만, 육로와 수로가 대폭 정비되면서 물자 운송이 쉬워졌다. 신슈의 시모스와下諏訪에서 에도 중심부의 니혼바시日本橋를 연결하는 간선도로인 고슈카이도甲州街道가 개통되자 내륙 산악지방인 가이甲斐(지금의 야마나시山梨현)와 신슈의 물산이 에도로 운송되는 기일이 크게 단축되었다. 주바中馬라는 민간운송업자를 이용하면 빠르면 3일, 늦어도 일주일 안에는 신슈의 원료를 에도로 배송받을 수 있게 되었다. 무사시노武蔵野산 청과, 쓰쿠다지마佃島산 생선 등 신선 재료가 매일같이 배달되었고, 간장, 청주, 가쓰오부시 등 보관 식품은 전국을 연결하는 상업 해운망을 통해 에도로 반입되어 지천에 널려 있다. 시장에 나가면 얼마든지 원하는 물품을 구입할 수 있다. 에도에서 하지 못할 장사는 없었다.

사라시나는 메밀쌀 껍질을 완전히 벗겨 제분한 흰 메밀가루를 사용한다. 흰 소바는 사라시나의 트레이드마크가 되었다. 당시 에도에 유행하던 시크chic함을 중시하는 '이키粹' 문화와 맞아떨어져 에도의 미美의식을 대표하는 정갈하고 담백한 음식으로 에도인들의 입맛을 사로잡았다. 쇼군가를 비롯하여 에도의 내로라하는 무가와 사찰, 신사 등에서 앞다투어 소바를 납품받아갔다. 분세이文政 7년(1824년)에 발간된『에도가이모노히토리안나이江戸買物獨案內』에는 사라시나가 명물 소바 식당 18곳 중 하나로 소개되었다. 에도에는 연간 수십만 명이 넘는 관광객이 찾아든다.『에도가이모노히토리안나이』는 에도 관광객들이 즐겨 보던 쇼핑

에도의 상점과 쇼핑 정보를 담은 『에도가이모노히토리안나이』.

가이드 책자이다. 가게 마케팅의 일대 호재였다.

　당시 에도에는 화재가 빈번하여 일반 가정에는 취사시설을 둘 수 없
었다. 불을 쓸 수 있는 곳이 한정되어 있다 보니 밥을 최단시간에 지으려
고 현미를 대폭 깎아 도정률을 높인 백미를 먹는 습관이 생겼다. 그로 인
해 '에도병*'이라는 희한한 병이 유행하였다. 지방에서 올라온 번사藩士
들은 에도에 있는 동안 비실비실 앓다가 고향에 가면 씻은 듯이 병이 나
았다. 그러다가 누군가 소바를 먹으면 에도병에 걸리지 않는다는 것을
알게 되었다. 소문은 금세 퍼졌고, 소바는 건강식으로 알려져 에도인들
에게 큰 인기를 끌었다.

　소바집은 남녀 커플들이 많이 찾았다. 도시 인구 증가에 따라 남녀 관
계에도 변화가 생겼다. 농촌 중심의 사회에서는 남녀가 만나 교제하는
것이 어려웠으나, 에도와 같은 대도시에서는 미혼 남녀가 공공연히 교

＊　후세의 연구 결과, 에도병은 백미 편식으로 인한 비타민 B 결핍의 '각기병'이라는 것이 밝혀졌다.

제하는 것이 드물지 않았다. 데이트 장소로 가부키 극장이나 사루가쿠 猿樂 무대 같은 공연장이 인기가 있었고, 식사 장소로 운치가 있고 가격도 저렴한 소바집이 인기를 모았다. 남녀가 데이트를 하게 되면 사랑을 나누고자 하는 욕구가 당연히 생겨난다. 에도 서민들이 거주하는 나가야長屋는 좁고 독립성이 보장되지 않았다. 그래서 에도의 아베크족들이 둘 만의 공간을 필요로 할 때 이용하기 시작한 곳이 소바집이나 우동집 등의 대중음식점이었다. 소위 '소바집 2층' 풍습이다. 본래 주인의 거주용으로 사용되던 2층 방을 데이트용 방으로 빌려주는 것이다. 남녀 커플들은 1층 객석에서 요리와 술을 즐기고 자연스레 2층으로 발걸음을 옮겼다. 연인용 대실貸室 비즈니스인 셈이다. 이래저래 소바집은 에도인이 즐겨 찾는 장소가 되고 있었다.

에도는 돈으로 거래를 하는 관행이 완전히 정착되어 있었다. 가격 책정 시에는 수익을 극대화하기 위해 서민들의 주머니 사정과 물가 동향을 잘 고려해야 한다. 곤베에는 소바 한 그릇에 18몬文을 책정하였다. 여타 소바집이 16몬 정도이니 1할 정도 비싸다. 사라시나는 소바와 된장을 신슈에서 직송하고, 간장이나 청주 등은 고급품인 구다리모노下り物* 를 사용하기 때문에 원가 부담이 있는 편이다. 서민들이 애용하는 공중목욕탕인 센토錢湯의 1일 이용권이 8몬이고, 8평 정도의 서민주택인 나가야의 집세가 600몬이니 18몬은 싼 가격이 아니다. 하지만 사라시나는

---

* 전통의 경제·문화 중심지인 교토와 오사카 일대에서 생산되어 해운으로 에도에 운송된 고가의 물품. 반대로 구다리모노가 아닌 물품을 '구다라나이모노くだらない物'라고 한다.

에도를 대표하는 명소가 된 터여서 약간 높은 가격은 문제가 되지 않았다. 에도는 좋은 물건을 만들어내기만 하면 수요는 얼마든지 있는 거대 시장이기 때문이다.

돈이 벌리고 사업 규모가 커지니 돈관리가 필요했다. 손님들에게 받은 현금을 집에 쌓아놓고 있을 수도 없고, 재료 구입 등에는 한꺼번에 목돈을 지출해야 할 때도 있다. 곤베에는 이 문제를 해결하기 위해 료가에 쇼兩替商*를 이용했다. 료가에쇼에게 현금을 예치하고 신용거래 계좌를 개설하면 편하게 자금을 융통할 수 있다. 신슈에서 원료를 구입할 때에도 현금 대신 '데가타手形'라는 당좌수표로 결제한다. 오사카에서 도매로 물품을 들여올 때에는 료가에쇼의 '가와세爲替'라는 원격지 송금 서비스를 이용한다. 현금은 보관과 사용에 한계가 있었지만, 료가에쇼의 금융 서비스 덕분에 장사하기가 한결 수월해졌다.

장사의 규모가 커짐에 따라 곤베에는 각종 입출금, 결산 등 회계업무를 위해 경리직원을 채용하였다. 데라코야寺小屋에서 읽기, 쓰기, 산수, 주판 등 기초 상업교육을 받은 구직자들이 에도에는 넘쳤다. 곤베에는 동네 데라코야 교장의 추천으로 와산和算(상급수학)과 부기簿記를 가르치던 도사번土佐藩(지금의 고치高知현) 출신의 겐사부로를 고용했다. 도사번 출신들은 명민하고 이재理財에 밝은 것으로 평판이 높았다. 전국 각지에 흩어져 상업 부문에서 활약하는 도사번 출신자들이 많았다. 겐사부로도

---

* 금은화 간의 환전과 예금, 대출, 수표 유통 등의 금융업에 종사하는 상인.

고향을 떠나 각지를 유랑하며 견문을 쌓고 있던 청년이었다. 에도의 데라코야에서 잠시 교유教諭직을 맡아 생계를 유지하던 차에 곤베에와 인연이 닿은 것이다.

사라시나에는 열 명이 넘는 직원이 일하고 있다. 요즘은 소바가 인기를 끌자 소바 기술을 배우겠다고 찾아오는 젊은이들이 더 늘었다. 훈련은 철저히 도제식으로 이루어진다. 입사 후 3년간은 미나라이見習 기간으로 급료 없이 물 긷기, 청소하기, 배달하기 업무 외에는 주방 출입이 금지된다. 이 기간 중에 숙식은 제공되지만 급여는 용돈만 조금 주는 수준이다.* 하지만, 일거리가 없어 먹고살 길이 막막한 예전에 비해 젊은이들이 굶지 않고 기술을 배울 수 있는 것만으로 사는 게 많이 나아진 셈이다. 고된 수습기간이 끝나면 메밀가루를 만드는 작업부터 배운다. 질 좋은 메밀가루를 다룰 줄 알게 되면, 반죽, 제면, 삶기, 각종 장류 만들기의 순으로 업무가 업그레이드된다. 10년 정도 배우면 어엿한 소바 직인職人(쇼쿠닌)**이 되어 높은 급료를 받으며 다른 곳에 취직하거나, 본점의 허가를 받아 분점을 차릴 수 있다. 에도와 오사카의 유명 가게를 중심으로 '노렌와케暖簾分け'라 불리는 패밀리 프랜차이즈 방식이 점점 자리를 잡고 있었다.

곤베에가 요즘 신경을 쓰는 것은 가게의 선전이다. 많은 상점들이 앞다투어 '히키후다引き札'라는 전단지를 발행해 손님을 유치하는 등 업계

---

* 도제식 훈련의 기초 단계에서 무료 봉사하는 고용 형태를 '넨키보코年季奉公'라고 한다.
** 도제식으로 훈련을 받고 해당업에 종사하는 전문 기술자.

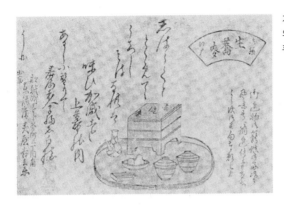

가부키 배우 이치카와 단주로의 이름이 등장하는 에도시대 후기 소바집 광고지.

의 경쟁이 점점 치열해지고 있다. 단순히 히키후다를 발행하는 것만으로는 이제 시장에서 효과가 약하다. 좀 더 소비자의 눈길을 확 끌 수 있는 광고가 필요하였다. 곤베에는 가부키에 주목한다. 가부키 배우들은 에도의 유행을 좌우한다고 할 정도로 대중적 인기를 모으는 유명인사들이었다. 가부키 배우의 명성을 가게 선전에 활용하면 선전의 효과가 극대화될 수 있다고 생각한 곤베에는 가부키계의 거물 이치카와 단주로市川團十郎에게 명의 사용 계약을 제안했다. 다소 돈이 들더라도 필요한 투자는 해야 한다는 것이 곤베에의 지론이다. 곤베에는 한발 더 나아가 히키후다에 그림을 넣어 눈에 확 들어오는 도안을 구상하고 있다. 누가 더 소비자의 눈길을 끌고 호기심을 유발하느냐가 업체의 성패를 좌우한다. 곤베에는 경쟁시대 생존전략의 중요성을 점점 더 절감하고 있다.

윗글은 실제 스토리에 허구를 섞어 재구성한 것이다. 허구라고 해서 거짓이라는 의미는 아니다. 일대일 대응은 아니지만, 역사적 사실관계에 부합하는 시대상을 반영하여 재구성한 것이다. 소바집 이야기를 길게 쓴 것은 필자가 우동·소바집을 경영하기 때문에 소바집이 도시 한복판에서 장사를 하기 위해서는 어떠한 조건이 충족되어야 하는지 누구보다 잘 알기 때문이다.

가상 르포에서 볼 수 있듯이 에도시대에는 현대인의 생활양식의 원형이라고 할 수 있는 모습들이 나타나고 있다. 도시 거주자들이 다양한 직역職域에서 생업에 종사하면서 수익을 창출하고 임금을 받고, 그를 재원으로 소비를 하면서 삶을 영위하였다. 같은 시기 서구의 시대상에는 미치지 못할지 모르나, 제도institution, 관행practice, 인프라infra structure의 형성과 작동이라는 측면에서 동시대 조선의 사정과 비교한다면 그 격차는 엄청나다. 한국인들은 무사가 칼 차고 다니며 공포정치를 펴고, 인민들은 그들의 눈치나 보며 벌벌 떨며 살았다고 알고 있는 에도시대에 이미 일본은 조선을 저만치 앞서가고 있었다. 왜, 어떻게 그럴 수 있었을까?

제2장

역사를 바꾼 우연(1):
에도의 탄생

일본의 근세를 '에도시대'라고 한다. 에도시대는 강학상의 개념으로는 도쿠가와 이에야스가 막부幕府를 개창한 1603년부터 막부가 권력을 천황에게 이양한 1867년까지의 260여 년의 기간에 해당한다. 권력의 중심인 막부가 에도에 있었다는 의미에서 에도시대라고 하는 것인데, 개인적으로는 '에도의 시대' 또는 '에도가 만든 시대'이기에 에도시대라고 부르는 것이 차라리 더 들어맞는다고 생각한다. 그만큼 일본의 근세사에서 에도가 차지하는 비중은 절대적이다. 에도는 단순히 쇼군의 막부가 있던 곳이 아니다. 에도는 오늘의 일본을 만든 곳이다. 모든 역사는 인과관계를 설명할 수 있는 필연과 그렇지 않은 우연이 공존한다. 에도가 일본 역사에 대전환의 시동을 건 사정도 알고 보면 오묘한 우연과 아이러니가 복합적으로 작용하였다. 그것이 에도시대의 역사를 읽어내는 첫 번째 묘미이다.

허허벌판에서의 시작

에도는 사실 이에야스가 가고 싶어서 간 곳이 아니다. 16세기 말 이에야
스가 옮겨가기 전의 에도는 갈대밭이 무성한 작은 어촌이었다. 15세기에
잠깐 중계무역항으로 흥청거린 적이 있지만, 센고쿠시대의 혼란한 정국
속에서 100여 년 동안 쇠락을 거듭하여 아무것도 남지 않은 버려진 땅이
었다. 도요토미 히데요시는 덴카비토天下人*에 오르자 잠재적 경쟁자인
이에야스의 본거지를 슨푸駿府(지금의 시즈오카静岡현)에서 에도로 옮길 것
을 명한다. 이에야스가 천신만고 끝에 겨우 슨푸에 자리를 잡고 통치체제
를 정비하여 이제 막 숨을 고르려던 1590년의 일이었다. 히데요시는 전
략적 요충지에 터를 잡은 이에야스를 눈엣가시처럼 여겨 멀리 떨어진 촌
구석으로 보내 세력의 싹을 자르고자 하였다. 봉토 이전移轉의 하명下命
을 받은 이에야스는 하늘이 무너지는 심경이었지만, 히데요시의 명을 거
스르는 것은 너무나도 리스크가 컸다. 이에야스는 그렇게 쫓겨 가듯 에도
에 입성한다.

　이에야스가 옮겨왔을 때 에도는 한심한 상황이었다. 에도는 지형적으
로 인간이 거주하기에 용이한 지역이 아니다. 남북으로 어지럽게 흐르는
강줄기들이 비만 오면 범람하였고 연약한 지반은 침식되기 일쑤였다. 강
과 바다가 만나는 하구 유역은 갈대로 뒤덮인 습지로 인간이 살 수도, 농

---

*　일본인들은 일본 열도가 곧 모든 세상이었다. 그래서 일본을 '천하天下'라 불렀다. 덴카비토는 천하
　의 패자覇者라는 뜻이다.

경을 할 수도 없는 땅이었다. 해안은 사구砂丘와 얕은 여울이 많아 배들이 접근하기도 어려웠다. 바다와 면해 있지만 항구로서의 이점을 살리기 어려운 곳이었다. 당장 살 곳도 마땅치 않았다. 무가 중심의 봉건사회에서 도시의 기초는 성城*이다. 기존의 에도성이 있기는 하였으나, 규모는 보잘것없고 방비는 허술하고 수십 년 동안 개보수가 이뤄지지 않아 노후화된 상태였다. 이에야스를 따라온 수만의 가신들이 살 만한 택지도, 식량을 마련할 농경지도 제대로 없었다. 모든 것을 처음부터 다시 시작하여야 하는 상황이었다.

이에야스의 위대함의 원천은 인내심과 끈기이다. 이에야스는 실망하지 않고 차근차근 에도 개척에 착수한다. 아직 센고쿠시대 무력투쟁의 여파가 남아 있는 상황이었다. 초기의 에도 개척은 이주민의 생활기반 확보와 함께 방어·병참 등 군사 인프라 구축에 방점이 두어졌다. 전쟁터에서 잔뼈가 굵은 이에야스는 이 지점에서 의외의 지시를 내린다. 보통의 영주라면 성부터 챙길 터인데, 이에야스는 성의 보수 공사는 뒷전으로 미룬 채 가신들의 주거지를 최우선적으로 개척한다. 그리고 가신들의 생활이 안정되자마자 물자 보급로 확보와 '조카마치城下町'** 조성을 위한 토목공사에 착수한다.

---

* 특히 영주가 본거지로 하는 성을 '교조居城'라고 한다. 교조는 해당 구니國의 상징이자 가장 중요한 군사기지였다. 영주의 위엄을 나타내고 물자보급과 방비를 고려한 거대 건조물로서 일본 토목·건축기술 발전에 큰 영향을 미쳤다.
** 성 주위에 조성된 상업지역.

물을 다스리는 자가 천하를 다스린다

에도는 일본의 동과 서를 연결하는 허브로서 엄청난 가능성을 지닌 곳이
다. 하지만 그 가능성은 인간이 자연의 난관을 극복해야만 실현될 수 있
는 조건부였다. 이에야스와 가신단은 연일 지도를 펴놓고 에도 개발 플랜
에 골몰한다. 지형적 특성상 에도 개발은 기본적으로 치수治水사업의 성
격을 갖는다. 1)자연재해를 줄이고, 2)외적의 침입을 막고, 3)물자의 운
송을 원활하게 하고, 4)인간의 거주지와 경작지를 마련하기 위해서는 물
을 다스려야만 했다. 치수사업에 의한 도시기반 조성이 목표로 설정되자
1)인공의 물길을 뚫고, 2)자연 물길의 흐름을 바꾸고, 3)수면水面을 메워
버리는 대토목공사가 계획된다.

　군사적 측면과 생활기반 조성 두 측면에서 일단 물자 보급로를 마련하
는 것이 급선무였다. 도쿄에 가면 우치보리內堀, 소토보리外堀 등 '호리
堀'라는 지명을 많이 볼 수 있다. 호리는 호濠, 즉 인위적으로 판 물길을
말한다. 일본에는 센고쿠시대 성곽城郭의 해자垓字 조성 등을 통해 일찍
부터 호리 파기 및 물대기 기술이 발달하였다. 이에야스는 대대적인 호리
조성부터 착수한다. 초기의 랜드마크 사업으로 '도산보리道三堀'가 개통
되었다. 이로써 바닷길로 운송되어온 물자가 성까지 배를 통해 직송될 수
있게 되었다. 중요한 병량兵糧인 소금의 운송을 위해 생산지인 교토쿠行
德 염전을 에도와 뱃길로 연계하는 오나기가와小名木川 운하 등 남북의
강을 동서를 가로질러 연결하는 인공 물길이 차례차례 건설되었다.

에도의 또 하나의 문제점은 마실 물이 부족하다는 것이었다. 일부 지역을 제외하고는 우물을 파면 소금물이 올라왔다. 연약한 지반의 충적지가 많아 지하수에 바닷물이 스며들기 때문이다. 에도의 거주성을 높이기 위해서는 대량의 생활용수 급수가 절실하였다. 이에야스는 충복 오쿠보 다다유키大久保忠行에게 임무를

에도 막부를 연 도쿠가와 이에야스. 오늘날 일본의 기초를 마련한 최대의 공로자이다.

맡긴다. 오쿠보는 에도성에서 수 킬로미터 떨어진 고이시카와小石川의 물을 에도로 끌어오는 수로를 뚫는다. 일본 최초의 수도水道로 일컬어지는 '고이시카와 상수上水'이다. 에도인들은 생활용수가 흐르는 물길을 상수라고 불렀다. 위에서 내려오는 물이라는 뜻이다. 반대로 쓰고 난 물을 흘려보내는 것을 하수下水라고 불렀다. 현대의 상하수도의 어원이다.

에도의 인구가 급증함에 따라 대대적인 상수 확장공사가 계속된다. 이노카시라井之頭 저수지의 풍부한 수원을 활용한 간다神田 상수가 1629년(추정) 개통되었고, 1654년에는 40킬로미터나 떨어진 다마가와多摩川의 물을 에도까지 끌어오는 다마가와 상수가 개통되었다. 다마가와 상수는 크게 세 단계의 시설로 구성된다. 다마가와 상류의 물을 에도 외

곽 요쓰야四谷까지 흘려보내는 연장 40킬로미터의 인공수로, 요쓰야에 조성된 집수장 및 수문시설,* 마지막으로 시내 곳곳에 지하 또는 반지하 형태로 매설된 목재 또는 석재 마감의 수관水管이 그것이다. 인공수로를 타고 요쓰야에 집수된 물을 며칠 정도 안정시켜 정수淨水한 다음, 요쓰야 미즈반쇼水番所에서 적절히 수문을 개방하면 바로 마실 수 있을 정도로 깨끗한 물이 수관을 타고 에도 전역에 급수되었다. 다마가와 상수의 전체 표고차는 92미터이다. 전체 길이가 43킬로미터이므로 1킬로미터당 2미터의 표고차가 유지되도록 건설해야 안정적으로 물이 흐를 수 있다. 펌프 등의 인공 동력 없이 오로지 고저의 낙차를 이용하여 이 정도의 장거리로 물을 흘려보낸다는 것은 현대 기술로도 쉽지 않은 일이다. 측량, 굴착, 구조물 건축 등 고도의 토목기술, 이를 감당할 수 있는 재원, 시행 의지와 능력이 있는 공공사업 주체가 있어야만 가능한 인프라였다.

이에야스가 에도에 입성하자마자 총동원 체제로 에도 개척에 진력할 수 있었던 데에는 뜻밖의 사정이 있었다. 1592년 히데요시가 조선 침공에 나서자 한반도와 가까웠던 규슈九州, 시코쿠四國, 주고쿠中國 일대의 다이묘들은 히데요시의 명에 따라 대규모 병력을 조선에 보내야 했다. 하지만 이에야스는 군말 없이 히데요시의 명에 따라 에도로 이전한 덕분에 병력 차출 대상에서 제외되었다. 조선에서 멀기도 멀었고 아무것도 없는

---

* 이 인공 저수지를 관할하는 관청을 '요쓰야 미즈반쇼水番所'라고 한다. 수질 관리 및 유량 조절을 담당하였다.

허허벌판으로 옮긴 딱한 사정이 참작된 것이다.* 막대한 군비 부담으로 다이묘들의 재정이 휘청거릴 때 이에야스는 충성스런 가복家僕들과 일심 단결하여 에도 개척에 총력을 기울일 수 있었다.

이에야스가 에도에 입성한 지 10년 후 에도 역사에 일대 전환점이 찾아온다. 1598년 히데요시가 사망하자 일본은 다시 동군과 서군으로 나뉘어 천하의 패권을 건 전쟁에 돌입한다. 이에야스가 이끄는 동군이 1600년 세키가하라關ヶ原(지금의 기후岐阜현) 전투에서 승리하자, 1603년 이에야스는 여세를 몰아 정이대장군征夷大將軍이 되어 최고 실권자인 '쇼군'의 자리에 오른다. 천하를 얻은 이에야스는 막부를 어디에 둘 것인지를 두고 고심한다. 경제 중심지로 번영을 누리던 오사카를 접수하여 막부를 열 것을 간언하는 참모도 있었다. 참모들의 말도 일리가 있었다. 오사카는 교토에서도 가깝고 훨씬 편하게 살 수 있는 곳이다. 하지만 이에야스는 참모들의 의견을 뿌리치고 에도에서 막부를 열기로 결심한다. 이에야스가 에도를 고수한 이유는 알 수 없다. 지난 10년간 수많은 가신들의 피와 땀으로 건설한 에도에 애착이 있었을 수도 있다. 에도가 지닌 가능성을 믿고 에도가 오사카를 능가하는 새로운 천하의 중심이 될 것을 꿰뚫어 보았는지도 모른다. 이유야 어찌되었건 이에야스가 에도에 남기로 한 결정은 일본 역사의 흐름을 바꾸었다.

쇼군의 자리에 오른 이에야스가 당면한 국정 과제는 두 가지였다. 하나

---

* 조선 침공에 가담하지 않았기에 도쿠가와 막부는 구원舊怨의 심적 부담 없이 조선통신사 초청에 적극적일 수 있었다.

는 다이묘의 세력을 견제하는 것, 또 하나는 에도 개발에 박차를 가하는 것이었다. 서로 다른 목표였지만 이에야스는 두 목표를 동시에 달성할 수 있는 묘책을 떠올린다. 이에야스는 전국 다이묘를 불러 모아 에도에 거주시키기로 한다. 뒷장에서 설명할 참근교대제의 원형이 되는 인질 정책이다.* 전국에서 모인 다이묘와 수행원의 거처를 마련하기 위해서는 수만 명을 수용할 수 있는 택지宅地가 필요하였다. 에도에는 그만한 땅이 없었다. 이에야스는 위기의 순간마다 기회를 찾아낸 창의적 발상의 소유자였다. 이번에도 그의 기지가 발휘된다. 택지를 마련하기 위해 내륙으로 올라가는 것이 아니라 아예 바다를 메워 땅을 만들기로 한 것이다.

매립의 대상지가 된 곳은 '히비야이리에日比谷入江'였다. 현재 도쿄의 중심부인 황거皇居 인근의 히비야 일대는 '入江'이라는 이름에서 알 수 있듯이 원래 육지가 아니라 하구河口에 해당하는 바다였다. 이에야스는 이곳에 성 북쪽에 위치한 간다야마神田山를 깎아 조달한 토사土砂를 퍼부어 바다를 메우고 땅을 만들었다. 도심 운하를 파면서 나온 흙들도 다털어 넣었다. 속전속결로 해치운 이른바 '돌관突貫공사'였다. 수만 명의 인원이 산을 깎고 흙을 운반하고 바다를 메우고 지반을 다져 불과 1년 만에 여의도 면적의 절반에 해당하는 광대한 매립지를 조성하였다. 현재의 히비야 공원에서 신바시新橋를 거쳐 하마초浜町에 걸쳐 있는 지역이다. 서울에 비유하면 시청 앞에서 용산까지의 지역이 조선 선조宣祖 때 만든

---

* 이에야스는 자신이 어렸을 적부터 주위의 강성한 다이묘 가문에서 인질 생활을 한 경험이 있어서 인질 정책의 효과를 잘 알고 있었다.

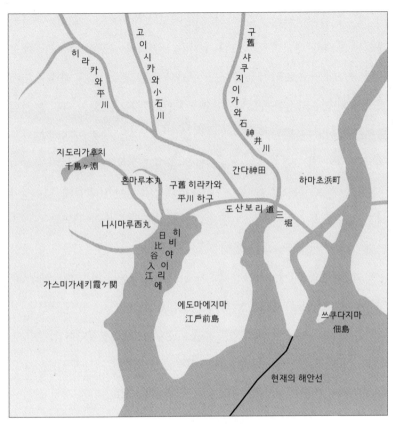

고이시카와小石川

히라카와平川

구舊샤쿠지이가와石神井川

지도리가후치千鳥ヶ淵

간다神田

하마초浜町

혼마루本丸

구舊 히라카와平川 하구

도산보리道三堀

니시마루西丸

히비야이리에日比谷入江

가스미가세키霞ヶ関

에도마에지마江戸前島

쓰쿠다지마佃島

현재의 해안선

이에야스 입성 당시의 해안선. 이에야스 시기에 히비야이리에가 매립되었고 이후에도 지속적인 매립 공사로 현재의 해안선 표시 안쪽의 바다가 에도시대에 모두 육지화하였다.

매립지라는 것이니 놀랍지 않을 수 없다.

에도의 오늘날을 만드는 데 있어 가장 중요한 치수공사로는 '도네가와 동천利根川東遷'을 들 수 있다. 도네가와는 일본에서 가장 수량이 많고 유역流域이 넓은 강의 하나로, 군마현에서 발원하여 다기한 유로를 형성하며 에도로 흘러내리는 거대 하천이다. 에도의 배후에는 간토關東평야라 불리는 드넓은 대지가 있었으나 우기마다 범람하는 도네가와의 존재로 인해 불모의 땅으로 남아 있었다. 도쿠가와 막부의 쇼군들은 대대로 도네 가와의 치수에 역점을 두었다. 치수의 포인트는 도네가와의 물길을 컨트 롤하는 것이었다. 다기한 지류支流를 합류시킨 다음, 중간 지점에 대규모 제방을 쌓아 에도로 흐르는 유량流量을 줄이고 동쪽 태평양 연안(현재 지바현의 조시시銚子市)으로 흐르는 유량을 늘려 간토평야 일대의 수해를 제어 하고 농지를 확보하는 것이 목표였다. 그 첫 삽을 뜬 것이 이에야스였다.*

도네가와 동천의 효과는 기적을 낳았다. 쓸모없는 불모지였던 엄청난 면적의 땅이 일본 제1의 곡창지대가 된 것이다. 오랜 기간 범람에 의해 다양한 무기질과 유기질이 퇴적된 간토평야는 일본 굴지의 생산성을 자 랑하는 옥토가 되었다. 대대적인 농민 이주로 옥토가 경작되자 엄청난 양 의 농산물이 생산된다. 든든한 배후 식량공급지를 확보한 에도는 이윽고 18세기 초반 인구 100만의 대도시로 도약한다. 간토평야의 개척 효과는 에도에서 끝나지 않았다. 도네가와 치수사업은 일본 전역의 농지 개간에 영향을 미쳤다. 인간의 힘으로 자연을 바꾼 국토개발의 모범사례가 되어 많은 다이묘들이 앞 다투어 유사한 개발사업에 나서도록 동기를 부여하 였던 것이다. 에도 초기 1300만 명으로 추산되는 일본의 인구는 1730년 3200만 명으로 130년 동안 2.5배 이상 증가하는데, 이러한 인구 증가는

---

* 이에야스가 도네가와 동천이라는 목표를 인식하고 있었는지에 대해서는 논란이 있다.

에도의 성공사례에 힘입은 대대적인 국토개발에 기인한 것이었다.

이에야스는 도시기반 확충과 함께 도시에 활력을 불어넣기 위해 조카마치 활성화 작업을 병행한다. 지역 경제의 기초가 되는 산업을 장려하고, 거주민의 삶을 이롭게 하는 각종 기술자, 상인, 학자 등의 인적 자원 확충에 나섰다. 바다와 강 또는 운하가 만나는 곳마다 선착장, 부두 등의 접안 시설을 건설하여 물류를 위한 각종 창고업자 및 도매상을 유치하였고, 에도 앞바다의 풍부한 수산자원이 활용될 수 있도록 주요 선착장과 부두에 어시장 등을 개설하였다. 이에야스는 자유로운 상업활동 보장, 거주지 편의 등을 인센티브로 내걸고 일본 전역에서 에도 이주 희망자를 모집하였다. 건설·건축에 필수적인 목수, 대장장이, 석공부터 식품, 포목, 의료, 물류 등 다양한 분야의 이주민들이 에도에 터를 잡고 각자의 직역에서 생업에 종사하면서 에도는 활발한 상업활동이 전개되는 도시의 모습을 점차 갖추게 된다.

에도는 당시 문화 중심지 교토, 상업 중심지 오사카 등에 비해 기득권의 영향이 상대적으로 덜한 시장이었다. 에도 시장의 등장은 중세 유럽의 자유도시의 등장과 같은 의미가 있다. 신분, 인맥, 기득권이 지배하는 폐쇄적 시장에서 벗어나 자율, 능력 본위의 개방적 시장의 숨통이 열리면서 상업활동에 새로운 활력이 불어넣어지고 에도 조닌町人의 지위가 향상된다. 많은 인구가 임금을 받는 노동자 형태로 유입되면서 화폐를 매개로 생산의 주체가 소비의 주체가 되는 화폐경제가 촉진되고, 이는 다시 경제활동을 자극하는 순환형 도시경제의 기초가 마련된다.

다이묘의 등골을 빼 인프라를 구축하다

이에야스와 그 후대 쇼군인 히데타다秀忠, 이에미쓰家光, 이에쓰나家綱 4대에 걸쳐 너무나 많은 대역사大役事가 있었기에 그 전모를 짧은 지면으로 소개하는 것은 무리이다. 앞서 소개한 사례 외에도 사상 최대 규모로 진행된 에도성을 비롯한 다수의 성곽 축조, 도심을 거미줄처럼 연결하는 운하망 건설, 치수를 위한 하천 정비 및 농수로 조성, 고카이도五街道를 비롯한 간선도로 확충 등 현대국가에서도 유례를 찾기 어려울 정도로 엄청난 규모의 인프라 건설 사업이 70년 사이에 에도에 집중되었다. 같은 시기 어떤 유럽 국가도 이 정도의 인프라를 갖춘 도시는 없었다. 1609~1610년간 에도에 체재했던 스페인 출신의 돈 로드리고*는『일본견문록』에서 당시의 에도를 묘사하면서 "에도는 큰 도시이다. 시장은 활기차고 물자가 풍부하였다. 내가 스페인 왕의 신하가 아니었다면 이곳에 정착하였을지도 모른다"라고 적고 있다.

이에야스와 후대 쇼군들이 이토록 엄청난 토목·건축 사업을 감당할 수 있었던 데에는 '천하보청天下普請'의 존재가 있었다. 천하보청은 쇼군이 다이묘들에게 부과하는 공공사업 역무役務를 말한다. 뒷장에서 상술하겠지만, 일본의 '봉건제'는 유럽의 '봉건제feudal system'와 유사한 면도 있

---

* 스페인령 필리핀 총독 로드리고 드 비베로Rodrigo de Vivero의 일본 통칭. 로드리고는 1609년 본국으로 회항 중 태풍으로 난파되어 일본에 표착漂着한 후 1년 정도 에도에 머물렀으며, 그때의 경험을 담은『일본견문록』을 저술하였다.

지만 몇 가지 결정적인 차이가 있다. 우선 센고쿠시대 이후 일본의 봉건
제는 쇼군과 다이묘가 주종主從관계에 있지 않았다. 유럽의 '왕lord-제
후vassal' 관계와 달리 일본의 쇼군은 가장 강력한 무가武家일 뿐이다. 천
황天皇의 위임을 정통성의 근거로 하지만, 그 위임은 힘에 기반한 것이었
고, 결국 통치의 근원이 되는 것은 무력이고 실력이었다. 제한적 권위의
통치자로서 쇼군은 다이묘들에게 세금을 징수할 수 없었다. 다이묘들의
충성 서약은 전시戰時에 쇼군을 군사적으로 지원할 군역軍役만을 의무화
하였다. 일반적으로 중앙의 권력이 강성해지면 지방의 사적 무력 보유를
억제하는 방향으로 통치체제가 정비되지만, 일본은 그럴 수가 없었다. 군
역이 계약의 기초이므로 다이묘의 무력 보유를 금할 수가 없기 때문이다.
하극상이 난무하는 센고쿠시대를 거치면서 충성의 맹서는 약속의 무게를
잃은 지 오래이다. 쇼군의 안전을 보장하기 위한 군역의 의무가 쇼군의
안전을 위협할 수도 있는 패러독스의 상황에서 쇼군은 다이묘들을 견제
하기 위해 군역을 다른 형태로 부담시킬 필요가 있었다. 이에 따라 쇼군
이 군역의 연장선상에서 성곽 축성, 제방·도로 건설 등 전쟁 기간基幹시
설 관련 공사에 다이묘가 인력과 자재 등을 제공하도록 의무를 부가한 것
이 천하보청이다.*

   이에야스는 쇼군의 자리에 오른 후 바로 천하보청을 발령한다. 히비야

---

* 천하보청의 기원이 되는 것은 가마쿠라 막부 시절 슈고守護 다이묘에게 부과된 '쇼군 거소 건축 및
수리將軍御所修造' 의무이다. 아즈치·모모야마 시대에 오다 노부나가와 도요토미 히데요시도 복속시
킨 다이묘들에게 천하보청을 시행한 바 있다.

이리에 매립사업을 비롯하여 소토보리外堀(에도성의 바깥쪽 해자) 조성, 에도성 축조, 고카이도 정비 등에 전국의 다이묘를 동원한 것이다. 천하보청에는 '천석부千石夫*, 자금, 자재 및 시공의 의무가 고쿠다카石高를 기준으로 부과되었다. 천하보청은 쇼군 통치의 상징이자 다이묘 견제책이기도 하였다. 이에야스는 다이묘들의 천하보청에 대한 순응 정도를 다이묘의 충성심 판단 기준으로 삼았다. 저항 가능성이 높을수록 더 많은 의무를 부과하고 순응할수록 의무를 경감하였다.

각 다이묘는 천하보청에 따른 재정 압박에서 탈피하기 위해서라도 정해진 기일 내에 높은 완성도로 사업을 완료할 수 있도록 필사적인 노력을 기울였다. 그에 실패할 경우 신임을 잃는 것은 물론, 더 큰 부담이 되어 돌아오거나 처벌을 받을 수도 있기 때문이다. 다이묘들이 천하보청의 명命을 받아 공사에 임하기는 하지만 공사 완료에 필요한 자재와 기술을 보유하지 못한 경우가 많았다. 각자 부족한 자재나 기술을 번끼리 거래하거나 전문가들을 인력 시장에서 구해야 했다. 기존에 없던 자본, 자재, 전문 인력에 대한 수요가 생겨나고 시장에서 거래되기 시작하였다. 천하보청은 각 번의 통치에도 영향을 미쳤다. 천하보청 수행을 위해서는 번의 자원 동원력이 향상될 필요가 있었기 때문이다. 많은 다이묘들이 천하보청의 압박을 견디기 위해 행정력 강화와 세수 증대를 위한 신전新田 개간 등 통치체제 정비에 힘을 기울여야 했다.

---

* 고쿠다카石高(봉토의 기준이 되는 표준 미곡산출량) 1000석당 1명의 인부를 차출함.

천하보청의 묘미는 국가에서 거두는 국부國富가 고스란히 인프라로 전환되었다는 것이다. 만약 쇼군이 중앙의 군주로서 징세, 즉 화폐나 현물의 형태로 생산량의 일정 부분을 거두어 갔다면 그 과정에서 많은 비효율과 왜곡된 자본 축적·잉여가 발생하였을 것이다. 일본은 천하보청에 따라 세금 징수가 아니라 '결과물'의 형태로 의무를 부과했기 때문에 관리비용 등의 매몰비용sunk cost이나 착복으로 인한 증발 없이 모든 투입이 실물 인프라로 이어졌다. 이러한 인프라는 다음 장에서 설명하는 참근교대제의 시행과 맞물려 엄청난 경제 효과를 유발한다. 현대 경제학으로 말하면 승수효과가 매우 높은 재정정책이 절묘한 타이밍에 시행된 것이다.

일본으로서는 쇼군이 다이묘를 견제해야만 하는 정통성 딜레마를 겪고 있었다는 것이 오히려 행운이었다. 전근대의 유럽과 동아시아 국가들은 소수의 중앙 지배층을 정점으로 하는 다단계의 착취적 구조를 기본으로 한다. 교통·통신이 발달하지 못하고 통치에 민주성이 결여된 전근대이기에 세금은 비효율성도 높고 생산력 확대를 위한 재투자에도 사용되기 어려웠다. 세금은 누군가의 금고로 들어가 사치로 낭비되거나 다 쓰이지도 못하고 소멸되는 국부의 무덤이었다. 일본은 중앙의 징세권이 없었다는 사정이 천하보청과 맞물려 전혀 예기치 못한 결과를 만들어낸다. 우선 천하보청에 동원된 자원은 중앙의 지배층에게 이전되어 축적될 수 없는 성질의 것이었다. 지방 지배층인 다이묘들은 자본 축적의 기회는커녕 악몽 같은 상황에 처했다. 번 정부는 동원 인부들에게 노임을 지급하고 자재를 구매하기 위해 끊임없이 재정을 지출해야 했다. 천하보청 비용 마련을 위해 빚을 내야 하는 다이묘도 있을 정도였다. 말단에서 세금의 형태로 걷히는 생산물은 천하보청을 거치면서 노임, 자재 대금 형태로 재분배되었다. 이러한 직접적인 자원 투입의 결과로 높은 수준의 공공인프라가 창출되자 한층 더 경제활동이 촉진되고, 이는 다시 말단 세금 납부자의 생활 개선으로 이어졌다. 천하보청이 의도치 않은 국부의 인큐베이터가 된 셈이다.

로마 격언에 '도로는 강자가 만들고, 약자가 부순다'는 말이 있다. 체제가 잘 정비된 우수한 국가일수록 충실한 사회 인프라를 갖추고, 그렇지 못한 국가일수록 사회 인프라의 수준이 낮다는 의미이다. 무가들이 실력 본위의 경쟁을 벌이는 일본 특유의 정치상황 속에서, 막부를 에도에 두기로 한 도쿠가와 이에야스의 결단이 천하보청 및 참근교대제와 맞물려 혁신적인 도시문명의 서막을 열었다. 이것이 에도시대의 요체要諦이다.

제3장

역사를 바꾼 우연(2): 참근교대제

주일대사관에서 근무할 때의 일이다. 택시를 타고 한국대사관에 갈 때 "간코쿠다이시칸 오네가이시마스(한국대사관 부탁합니다)"라고 행선지를 말하면 간혹 어딘지 모르는 택시기사가 있다. 그럴 때는 "센다이자카仙台坂로 가주세요"라고 하면 바로 알아듣는다.

센다이자카는 대사관 정문 앞을 지나는 호젓한 왕복 2차선 도로의 이름이다. 대사관에 처음 부임했을 때 왜 도쿄에 센다이라는 지명이 있는지 궁금했다. 나중에 알고 보니, 도로 남단에 과거 에도시대에 센다이번의 영주인 다테伊達 가문의 저택이 있었던 데에서 유래한 이름이었다.

도쿄에는 이처럼 에도시대 다이묘의 저택 소재지에서 유래한 지명이 남아 있다. 고급 패션 거리로 한국인들에게도 잘 알려진 아오야마靑山라는 지명은 센고쿠시대 전략적 요충지인 기후岐阜현 '구조하치만조郡上八

幡城'의 성주인 아오야마 가문의 저택이 있었던 데에서 유래한 것이다.

근대화의 예습, 참근교대제

에도시대 다이묘들은 에도에 번저藩邸가 있었다. 참근교대제參勤交代制에 의해 반드시 일정 기간 동안 에도에 머물러야 했기 때문이다. 참근교대제란 1년을 단위로 각 번의 번주를 정기적으로 에도에 출부出府시켜머물게 하는 일종의 인질제도이다. '참근'이란 에도에 상경上京하여 머무는 것, '교대'는 영지領地로 복귀하는 것을 의미한다. 원칙적으로 1년을 에도에서 지내고 이듬해에 고향으로 내려가는 것인데, 말이 쉽지 당시의 교통 사정을 생각할 때 1년마다 수백 리를 이동하는 것은 보통 일이 아니었다. 유사한 제도는 이전부터 존재했으나, 1635년 3대 쇼군 도쿠가와 이에미쓰德川家光가 '무가제법도武家諸法度'로 법제화하였다.

한반도에도 고려의 '기인제도其人制度'라는 유사한 제도가 있어 언뜻특별해 보일 것도 없는 정권 안정화 정책이지만, 일본에서는 참근교대제를 일본 근대화 성공의 원점으로 바라보는 시각이 있다. 일본의 근대화우등생 비결은 참근교대제로 근대화를 예습한 데 있다는 것이다.

참근교대제를 설명하기 위해서는 에도시대의 통치구조에 대한 이해가필요하다. 에도 막부의 통치는 쇼군과 다이묘 간에 봉토를 매개로 하는'은혜〔御恩〕-충성〔奉公〕' 관계를 기초로 한다. 다이묘는 쇼군으로부터 은혜, 즉 봉토를 하사받아 그 토지와 부속된 인민에 대한 통치권을 행사한

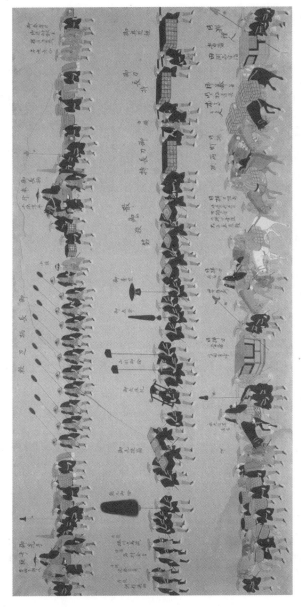

사쓰마번薩摩藩의 참근교대 행렬도. 이 두루마리 총 6매의 행렬도가 이어지며 13.4미터에 달하는 화면에 총 812명이 인원이 그려져 있다.

다. 다이묘들은 충성의 표현으로서 군역과 천하보청 역무를 부담한다. 이러한 의무를 위반할 시에 쇼군은 다이묘의 지위를 박탈할 수 있는 권위*를 확보함으로써 일본 전역을 간접적으로 통치한다. 이러한 지방분권적 요소와 중앙집권적 요소가 혼재하는 이중구조의 통치체제를 '막번幕藩체제'라 한다.

막번체제의 특징은 앞장에서 설명하였듯이 막부가 각 번에 대해 징세권徵稅權을 행사하지 않았다는 것이다. 각 번은 관할 지역에서 징수한 세금에 대한 통제권을 행사한다. 이것이 각 다이묘들이 누리는 자치권의 핵심이었다. 감시의 눈에 한계가 있는 원격지에서 독립된 재정권을 행사하며 세력을 축적하는 다이묘는 쇼군에게는 잠재적 위협이다. 이에 에도 막부가 다이묘 세력 견제를 위해 내민 회심의 카드가 천하보청과 참근교대제이다. 참근교대로 인해 전국의 모든 다이묘들은 정실正室과 적자嫡子를 에도에 남겨둔 채 에도와 번을 오가며 생활해야 했다. 참근교대를 소홀히 하면 항명으로 간주되어 다이묘의 지위가 박탈될 수 있었다. 이러한 참근교대가 일본의 체질을 근본적으로 변화시켰다는 것인데, 다이묘 견제책으로 에도 막부의 정권 안정화에 기여하였다는 정도라면 이해할 수 있겠지만, 어떻게 정치적 인질 제도가 일본 사회의 경제사회적 '풍경'을 바꿔놓았다는 것일까?

---

* 이를 '가이에키改易' 또는 '오이에토리쓰부시お家取り潰し'라고 한다. 막부는 다이묘의 저항, 실정失政, 무례 등을 사유로 봉토를 박탈 또는 삭감하거나 근신을 명할 수 있었다. 쇼군이 행사하는 대권大權이었다.

폭포수와 같은 낙수효과

먼저 경제적 파급효과이다. 참근교대에는 막대한 비용이 소요된다. 적게
는 100명에서 많게는 500명 이상의 대규모 인원이 수백 킬로미터가 넘는
거리를 이동하는데, 소요되는 비용은 전적으로 다이묘가 부담해야 했다.
독자 징세권으로 인해 치러야 하는 대가였다. 하루라도 약정된 날보다 늦
게 도착하면 막부의 질책과 막대한 비용 손실이 발생하기 때문에 각 번은
사전에 선발대를 파견하여 치밀하게 일정을 짜는 한편, 도로 사정이 열악
하면 스스로 비용을 부담하여 도로를 개보수改補修 하는 등 심리적·경제
적 부담이 이만저만이 아니었다. 실제 이동시 현대 화폐로 수행원 1인당
식비와 숙박비로 하루 6000엔 정도의 비용을 상정할 경우 평균 3~4억
엔 정도의 경비가 편도 이동에 소요된다. 이러한 다이묘가 전국에 270여
가문이 산재해 있었으니 지금 돈으로 매년 수조 원이 길거리에 뿌려진 셈
이다. 여기에 여행 경비와는 비교도 할 수 없이 소요가 큰 에도 체재비가
더해지면 참근교대에 소요되는 비용은 다이묘 세수의 절반을 넘어서는
막대한 액수였다.

실례로 1720년의 기록을 보면, 3대 웅번雄藩 중 하나인 사쓰마薩摩번
(지금의 가고시마鹿兒島현)은 총 588인의 참근단이 1644킬로미터를 73일
에 걸쳐 이동하였으며, (현대 화폐로 환산하면) 이동에 소요된 비용이 6억
8000만 엔, 에도 체재비 등을 포함하면 총 21억 엔의 비용이 그해 참근교
대에 소요되었다. 이 외에도 쇼군에게 바치는 헌상금, 막부의 고위관료인

로주老中 및 기타 막신幕臣 등에 대한 선물비용 등으로 수억 엔이 추가로 지출되었다.

경제적으로 볼 때, 다이묘의 지출은 누군가의 수입을 의미한다. 가장 큰 혜택을 본 것은 교통·숙박의 요지와 에도, 오사카 등 대도시의 상공인과 노동자였다. 에도로 출입하는 교통의 요지에는 참근단의 숙박을 위한 여관 등의 시설을 갖춘 '슈쿠바마치宿場町'가 조성되고, 물자 수송을 위한 물류업자 등 각종 주변산업이 태동하였다. 많은 천하보청이 참근교대와 연계되어 시행되었다. 참근교대에 수반하여 '고카이도五街道'라 불리는 간선도로가 대대적으로 확충되고, 에도성을 비롯한 도시기반 건설에 필요한 자재의 운송을 위하여 해로와 수로가 정비되었다. 18세기 초엽에 미곡을 비롯한 각종 물자의 집산지인 오사카로부터 에도를 연결하는 복수의 민영 정기항로가 개설되었고, 18세기 말엽에는 전국을 연결하는 상업 해운망이 완성되었다. 해운망의 발달은 미곡, 술, 간장, 각종 생필품, 지역 특산물이 오사카로 집산되었다가 에도에 공급되면서 전국적으로 유통되는 데 기여하였고, 이러한 물류 인프라의 발달이 다시 지역경제를 자극하고 활성화시키는 선순환의 경제시스템을 구축하였다.

다이묘라는 재향在鄕 지배층의 의무적 소비 지출 증가가 상인 및 도시 노동자 계층의 소득으로 흡수되는 현상은 현대적으로 말하면 일종의 '낙수효과trickle down effect'가 발생했다고 할 수 있다. 다만 현대의 낙수효과가 부유층의 조세 부담을 경감시켜 간접적으로 소비 지출 증가를 유도하는 논리임에 반해, 참근교대는 부유층의 의무적 소비 지출을 확대했다는 점에서 부의 환류 및 경제 활성화에 더 직접적이고 확실한 효과가 있었다고 할 수 있다.

돈이 돌고 도시가 발달하다

장거리 이동과 원거리 유통의 발전에 따라 필연적으로 자극을 받은 것이 화폐경제이다. 지역경제에서는 역내 물물교환 원리에 의해 거래가 이루어지므로 화폐의 필요성이 크지 않았다. 하지만 원거리 이동 시에는 기존에 화폐 역할을 한 미곡은 지불수단으로서 한계가 있었다. 다이묘들은 참근교대에 수반하여 언제고 필요할 때 지출할 수 있도록 미곡을 팔아 화폐를 마련하여야 했다.

이러한 화폐 수요의 증대로 화폐 유통이 진전되자 전국적인 거래의 편의성이 크게 제고되어 각종 상업경제 활동이 더욱 활성화되었다. 나아가 화폐를 이용한 비즈니스, 즉 금융업이 원시적인 형태이기는 하나 일본 자생적으로 태동하고 발전하게 된다. 영주들이 가을 수확을 기다리지 못하고 미곡을 담보로 하여 미곡업자에게 현금을 대출받는 대부업을 시작으로, 에도 중심 금화와 오사카 중심 은화 간의 교환 서비스를 제공하는 외환外換, 원격지간 금융 거래를 위한 (일종의) 신용 결제 서비스 등 다양한 금융서비스가 차례차례 등장하였다.

참근교대가 가져온 가장 큰 부산물은 에도의 눈부신 발전이다. 중앙과 지방의 최고 엘리트 집단이 에도라는 한 도시에 거주하게 됨으로써 발생

니혼바시日本橋를 건너는 다이묘 행렬과 그 앞에는 생선을 팔러 가는 상인들의 모습이 그려져 있다. 우타가와 히로시게歌川広重(본명 안도 히로시게安藤広重) 作作.

하는 사회경제적 효과는 실로 엄청난 것이었다. 수십만 명의 다이묘와 수행원들이 '순수한 소비자'로 유입됨에 따라 에도에는 거대한 소비 시장이 형성된다.

이들의 저택과 수행원 숙소 및 공공 인프라 마련을 위한 토목·건설·건축업, 다이묘 일행의 공사公私에 걸친 교제 생활을 위한 외식업, 공예업, 운수업, 당시 유행하던 '이키粋' 복식문화에 따른 섬유업과 의상업, 다중多衆의 문화생활을 위한 각종 출판업, 공연업과 향락산업에 이르기까지 현대의 도시를 방불케 하는 다양한 분야의 상업활동이 활발하게 전개된다.

참근교대로 형성된 에도 권역의 거대 소비 시장은 도시 기능 유지에 필요한 엄청난 인구의 에도 유입을 유발하였고, 전국적으로 조달된 각종 물산이 유통되고 대중 소비용 서비스가 제공되는 에도는 이미 18세기 중반에 인구 100만이 거주하는 왕성한 상업활동과 도시기반 시설을 자랑하는 세계 최대의 도시로 성장한다.

서민 계급이 새로운 실세로 등장하다

참근교대제가 일본에 미친 영향은 경제 분야에 국한되지 않는다. 가장 먼저 지적할 수 있는 것은 신분제도에 미친 영향이다. 기존의 지배층인 무사 계급의 지위가 흔들리고 조닌町人이라 불리는 도시거주 서민* 계급이 사회의 실세로 등장한 것이다.

앞서 언급한 대로 참근교대에는 각 번의 재정지출의 50~60퍼센트에 해당하는 막대한 금액이 소요되어 다이묘 재정에 큰 압박 요인이 되었다. 이러한 지출은 곧 상인과 노동자들의 부의 축적으로 이어져 신분제도를 흔드는 요인이 된다. 많은 다이묘가 참근교대 비용 마련을 위해 오사카 등지의 상인들에게 쌀을 담보로 부채를 지며 화폐를 융통할 수밖에 없었는데, 워낙 막대한 비용이 소요되다 보니 부채가 변제 불가능 수준으로 늘어났고, 사정이 어려운 다이묘들은 영지의 이권을 상인들에게 제공하

---

* 한국어의 서민은 경제적으로 곤궁한 계층의 의미이나, 일본어의 서민은 귀족이나 특권계층이 아닌 일반인을 의미한다.

고 근근이 통치권을 유지하는 형편에 처하게 된다. 시간이 지날수록 참근
교대에 소요되는 의무적 경비는 각 다이묘 재정의 경직화와 만성적 적자
체질을 초래하였고, 다이묘가 재정압박에 힘들어 하는 만큼 에도에서의
소비는 확대되었고 화폐는 조닌층에 흡수되었다.

대상인大商人들은 축적한 부를 가일층의 경쟁력 확보를 위해 새로운
지식과 기술에 투자하여 정부를 뛰어넘는 자체적인 인력과 조직을 갖춘
사회주도세력으로 성장하게 된다. 기존의 권위와 전통에 의지해 권력 유
지에만 관심이 있던 막부의 지배층과 달리 이들은 외부의 사정과 변화에
민감하고 명분에 구애받지 않는 실용적인 사고방식과 실행력을 갖춘 변
혁의 전위대로서, 훗날 근대화의 파도가 밀려왔을 때 일본이 효과적으로
적응할 수 있는 인적·물적 자원의 토대가 된다.

전국 네트워크의 구축

마지막으로, 참근교대는 에도를 중심으로 하는 전일본全日本 네트워크의
구축을 가능케 하였다. 에도가 일종의 네트워크 허브로 기능하면서 전국
단위의 정보유통 시스템이 구축된 것인데, 이는 현대 인터넷의 등장에 버
금가는, 하드웨어를 넘어서는 소프트웨어의 변화에 해당하는 질적 변화
의 단초를 의미한다. 에도에 집중된 인원, 물자, 정보가 혼합·재가공되어
지방으로 분산되고, 지방의 독자성과 결합한 고유의 정보로 진화하여 다
시 에도로 유입되는 환류feedback가 활발해지면서 에도시대 일본은 이미

전근대를 벗어나는 수준의 시장과 자본의 원리가 작동하고 있었다.

전국을 묶어내는 정보 네트워크의 구축은 구성원의 동질감을 자극하였다. 에도 초기의 일본은 도호쿠東北지방 사람과 규슈지방 사람이 만나면 서로 의사소통이 어려울 정도로 이질성이 크고 번에 기반한 지역 의식이 강했으나, 후기로 가면서 점차 '지역성'을 초월하여 '전국성'을 인식하는 경향이 강해진다. 당시 '우키요에浮世繪'라는 회화 문화가 일본 전역에 빠르게 확산되어 유행하였는데, 이는 우키요에가 에도에 모인 지방 엘리트들에 의해 광범위하게 지방으로 전파됨으로써 가능한 현상이었다. 마쓰리는 일본을 대표하는 축제이다. 지방마다 제각각이었던 마쓰리가 에도 명물인 덴카마쓰리天下祭의 영향으로 전국적으로 유사한 형태를 띠는 현상도 나타났다.* 이 밖에 소설, 여행기, 연극 등 대중 오락매체가 전국적으로 유통된 것도 일본 전역을 동일한 신화, 역사, 정서의 테두리로 묶는 효과가 있었다.

참근교대를 통해 중앙과 지방의 엘리트가 한 곳에 모여 오랜 기간 정치적·사회적 상호작용을 하는 과정에서 통합을 향한 구심력은 강화되었고 분리를 향한 원심력은 약화되었다. '일본'을 공통분모로 하는 민족의식의 강화는 서양세력의 침투를 맞아 막부체제가 한계에 다다랐을 때 엘리트층이 단순히 막부파와 존왕파로 나뉘는 수준을 넘어 전체로서의 '일본'의

---

* 산노신사山王神社나 간다묘진神田明神에서 주관하는 덴카마쓰리는 쇼군이 직접 구경을 가는 에도의 명물이었다. 미코시神輿(신을 모신 가마) 행렬 뒤로 화려한 복식, 연주, 기예技藝 무리가 뒤따르며 여흥을 돋우는데, 이를 쓰케마쓰리付け祭り라 한다. 에도시대에 이러한 쓰케마쓰리 형식이 전국적으로 확산되었다.

이익을 '번'의 이익 앞에 놓는 통합의식의 밑바탕이 되었다. 유럽의 독일이나 이탈리아가 소국 간의 이해관계 불일치와 주변 강대국의 개입으로 통합에 많은 시간과 국력이 소모된 역사에서 볼 수 있듯이 권위가 분산된 봉건체제가 근대적 중앙집권체제로 이행한다는 것은 간단한 일이 아니다. 일본도 내분과 무력 충돌이 없었던 것은 아니나, 비교적 적은 비용과 희생으로 폐번치현廢藩置縣* 등의 국가개조 시책을 단행하고 새로운 체제로 이행移行할 수 있었던 배경에는 참근교대로 인해 형성된 국가적 또는 민족적 공동체 의식이 기저에 있었다고 할 수 있다.

참근교대제는 천하보청과 함께 일본 근대화의 길을 닦은 '신의 한 수'라 할 수 있다. 이보다 더 드라마틱한 효과를 가져온 정부 정책의 유례를 찾기 어려울 정도이다. 그러나 참근교대제가 '신의 한 수'가 될 수 있었던 것은 아이러니하게도 애초에 그러한 효과를 전혀 의도하지 않았기 때문이다. 막부가 통치력 강화 차원에서 다이묘를 견제하고 눈앞의 이익을 취할 수만 있다면 인적·물적 유통망 형성에 적극적 태도를 취하고 시장 형성을 방임한 것이 일본으로서는 큰 행운이었다. 참근교대로 인한 사람, 물건, 정보의 유통량 증가는 필연적으로 자본과 시장의 확대를 지향하는데, 만약 막부가 이에 적극적으로 개입하였다면 일본의 모습은 오늘날과 많이 달랐을 것이다. 정부의 방임적 태도로 재화와 서비스가 거래되는 시

---

* 번을 없애고 현을 두는 것. 이로써 봉건제는 완전히 소멸하고 중앙정부로 일원화된 통치체제가 수립된다.

장 형성의 경험이 축적되고, 민간의 자발적 경제 의욕이 정치적 기득권에 의해 봉쇄되거나 효율성이 저해되는 것을 최소화할 수 있었던 것이 참근 교대제라는 '신의 한 수'에 숨겨진 의미이다.

제4장

'된장(미소)'으로 본 근대 일본의 정치경제학

이번 장에서는 참근교대와 천하보청이 일본의 경제사회적 풍경 개조에 어떻게 영향을 미쳤다는 것인지 조금 피부에 와 닿는 사례를 들어 살펴보자. 일본인들이 국민식품으로 부르는 '미소味噌(일본 된장)'는 일본인들의 일상생활에서 떼려야 뗄 수 없는 필수품이다. 신분과 지위를 막론하고 모든 일본인들이 소비하던 일상 식품인 미소가 에도시대에 어떻게 발달하고 변천했는지를 살펴보면 에도의 시대상에 대해 보다 직관적인 영감을 얻을 수 있다.

전략물자가 된 '미소'

일본에서 발효식품으로서 미소가 본격적으로 제조되기 시작한 것은 중국과 한반도를 경유해 누룩 사용법이 전래된 8세기 나라奈良시대부터이다. 이후 미소는 가마쿠라鎌倉와 무로마치室町 시대를 거치면서 일본 전역에 널리 보급되었으며, 16세기 센고쿠시대에 들어 제법製法과 물량 면에서 획기적인 발전을 이루면서 일본인들이 거의 매일같이 섭취하는 국민식품 으로 자리 잡게 된다.

전쟁이 일상화된 센고쿠시대를 맞아 다이묘들은 상시 전투태세와 원정遠征에 대비한 병량兵糧* 정비에 큰 노력을 기울여야 했다. 주식인 쌀은 생쌀을 휴대하다가 나중에는 생쌀을 쪄서 말린 '호시이이干し飯'가 개발되어 보급되었다. 수개월 이상 상온 보존이 가능하고 끓는 물만 부으면 바로 밥처럼 먹을 수 있는 전투식량용 즉석밥이었다. 밥만 먹고 싸울 수는 없다. 나트륨 등 필수 미네랄과 '맛'을 제공하는 반찬거리도 필요하다. 이에 주목받기 시작한 것이 미소다. 다량의 소금을 사용해 콩 또는 쌀을 원료로 발효시킨 미소는 '호시이이'와 짝을 이뤄 '맛'과 '영양'의 두 마리 토끼를 잡는 최고의 전투식량으로 각광받게 된다.

전투식량의 확보는 전쟁의 승패를 좌우하는 중차대한 사안이었다. 미소는 점차 전국의 다이묘들이 가장 공을 들여 제조와 비축에 힘을 기울이는 전략물자가 되었다. 센고쿠시대 패권을 놓고 경쟁한 오다 노부나가, 도요토미 히데요시, 도쿠가와 이에야스 3인 모두 콩 재배와 미소 제조가 활발하였던 지역의 출신인 것은 우연이 아니라는 말이 있을 정도이다. 현

---

* 쌀, 소금 등 병사들이 지참하는 필수 전투식량.

대 일본인이 가장 선호하는 '신슈미소信州味噌'도 '군신軍神'으로 추앙받는 다케다 신겐武田信玄이 이 시기에 기반을 다진 것이라고 한다.

부국강병의 꿈이 담긴 '센다이미소'

국가안보 차원에서 미소가 취급되던 이 시기에 가장 두각을 나타낸 미소는 '센다이미소'이다. 센다이번의 초대 번주 다테 마사무네伊達政宗 (1567~1636년)는 센다이번을 전국 최강 번의 하나로 이끈 명장名將이다. 그는 번 내의 운하를 정비하고 농지를 개척하는 한편, 조카마치에 전국 각지에서 능력 있는 상인, 기술자, 학자를 불러 모아 거주시킴으로써 경제와 문화의 융성을 도모한다. 소위 부국강병책을 가장 성공적으로 추진한 다이묘 가운데 한 명인데, 그의 일화 중에서 센다이미소와 관련된 일화가 유명하다.

전략물자로서 미소의 중요성에 일찍이 눈뜬 마사무네는 품질, 영양, 보관성이 우수한 미소의 개발에 심혈을 기울인다. 마사무네의 목표는 성이 포위되어도 1~2년을 외부의 보급 없이 성내에서 자급자족하며 농성하는 방어력의 획득이었다. 마사무네는 이를 위해 조슈마카베군常州眞壁郡 (현재의 이바라키현에 해당) 출신의 미소 제조 직인職人 마카베야이치베에眞壁屋市兵衛를 연공年貢 100석石에 초빙하여 미소 제조를 의뢰한다. 작은

번의 오모테다카表高*가 1만 석
부터 시작하는 점을 감안할 때,
일개 기술자에게 100석의 연공
은 파격적인 대우였다.

마사무네는 마카베야이치베
에를 스카우트한 후 성 아래에
'오엔소구라御塩噌蔵'를 건립하
도록 지시한다. 오엔소구라는 미
소를 전문적으로 생산하는 공방
工房으로 일본 최초의 공업적 미
소 생산시설로 일컬어지는 곳이
다. 이치베에는 고메미소米味噌
양조법에 능한 기술자였다. 콩과

센다이번의 초대 번주 다테 마사무네.

함께 쌀을 사용하는 고메미소는 콩의 단백질과 쌀의 탄수화물을 동시에
섭취할 수 있어 전투식량으로 안성맞춤이었다. 이치베에는 쌀누룩을 활
용해 염도를 높이면서도 발효가 진행되는 양조법釀造法** 개발에 성공하
였고, 이는 미소의 보존기간을 크게 연장시켰다. 당시로서는 첨단 기술을
활용하여 전략물자 개발 및 대량 생산에 성공한 것이다.

---

* 봉토의 표준 미곡산출량.
** 일본의 미소는 한국의 된장과 달리 자연발효 메주가 아니라 인공적으로 배양된 누룩균을 사용하여
발효시킨다. 이에 따라 일본에서는 된장 제조 공정을 술과 마찬가지로 '양조釀造'로 분류한다.

센다이미소가 전국적으로 유명해진 것은 임진왜란 때라는 말이 있다. 조선을 침공한 각 번의 군대가 가져온 미소가 여름철 고온다습한 환경에 부패하여 무용지물이 되었는데, 마사무네 휘하의 군대가 소지한 미소만은 멀쩡하게 맛과 영양이 살아 있어 이를 타 지역의 군대에게도 나눠준 것이 계기가 되어 센다이미소가 일약 전국적인 명성을 얻게 되었다는 것이다. 이러한 에피소드는 오엔소구라의 건립 시기와 시기적으로 일치하지 않아 정설로 인정받지는 못하지만, 센다이미소의 전투식량으로서의 우수성이 당시부터 인정받았음을 시사하는 의미로 해석할 수 있다.

품질과 신뢰로 에도 시장을 뚫다

도쿠가와 이에야스가 천하를 통일하여 평화시기가 도래하자 센다이미소는 새롭게 도약한다. 일본인들의 식생활은 가마쿠라시대부터 한 가지 국에 한 가지 반찬을 의미하는 '일즙일채—汁—菜'가 보편화되었는데, 국은 대개 일본식 된장국인 '미소시루みそ汁'를 의미하였다.

이에야스의 에도 개발과 함께 인구가 급증하면서 에도의 소비 물자는 상당 부분이 외부에서 조달되는 의존형 경제가 된다. 술과 간장 등 역사와 전통을 요하는 생필품과 기호품은 주로 긴키近畿* 지방에서 유입되었지만, 미소만큼은 이에야스의 출신지인 미카와노쿠니三河國(현재의 아이치愛

---

* 교토와 오사카를 중심으로 하는 지역. 가미가타上方라고도 한다.

知縣)에서 생산된 '산슈미소三州味噌'가 주로 반입되었다. 에도 막부 수립으로 대량 이주해온 미카와노쿠니 출신자들이 많은 탓에 그들의 '고향의 맛'인 산슈미소가 에도 미소 시장의 기선을 제압한 것이다. 참고로 산슈미소는 현재 나고야名古屋 명물로 알려진 핫초미소八丁味噌의 원형이다.

18세기 들어 에도가 인구 100만의 대도시로 성장하면서 미소의 수요가 더욱 늘어난다. 당시 에도에는 도시 형성 과정의 특성상 여자보다 남자가 훨씬 많았으며, 서민 가옥인 나가야는 취사가 금지되어 매식買食으로 끼니를 해결하는 인구가 많았다. 미소시루는 간편한 한 끼 해결에 더할 나위 없이 훌륭한 조미료이자 영양 공급원이었다. 무가에서는 도쿠가와 이에야스가 즐겼다는 '오채삼근五菜三根 미소시루'와 장어에 미소를 발라 구워먹는 '우나기 미소카바야키' 등 미소를 활용한 고급요리가 유행했다. 바닷길에서 내륙 수로로 연결되는 선착장 인근에는 미소 도매점이 성업했고, 에도 거리 어디를 가도 미소를 판매하는 소매점과 행상이 없는 곳이 없었다.

센다이미소의 인기몰이는 이러한 도시화와 물자 유통망의 발달을 배경으로 이루어진다. 3대 웅번雄藩의 하나였던 센다이번은 에도에 총 7개소의 에도 번저를 두고 3000명에 이르는 근번勤番 인력을 상주시키고 있었다. 에도에서 유행하던 산슈미소나 아마미소甘味噌(단맛이 나는 된장)에 만족하지 못하던 센다이 번사藩士들은 해로를 통해 고향의 미소를 날라다 먹기 시작한다. 초기에는 내부용으로 소비하다가 점차 소비량이 늘자 아예 에도에 생산 공장을 차린다. 현재의 시나가와品川구 히가시오오이東

大井에 센다이번의 시모야시키下屋敷(실무직원들의 거처)가 있었는데, 센다이번은 이곳에 에도판 '오엔소구라'를 짓고 센다이에서 수송해온 콩과 쌀로 미소를 생산하기 시작한 것이다.

히가시오오이는 도쿄만 입구에 가까운 강기슭[河岸]으로 원료를 센다이로부터 해로로 운반하여 집하集荷, 처리하기 좋은 입지이다. 센다이번의 에도 미소 공장 건립은 해운망의 발달에 힘입어 재료 산지와 소비 시장 인근의 제조공장을 연결하는 초기 형태의 원격지 생산체제를 구축한 사례라 할 수 있다. 아직도 그 자리에는 센다이미소양조소仙台味噌醸造所라는 이름의 회사가 400년 전통의 센다이미소 제조·판매처로서 영업을 하고 있다.

처음에는 자체 소비 후 남는 물량을 일부 '돈야問屋(대도매상)'들에게 부정기적으로 출하하던 수준이었으나, 뛰어난 품질과 번 직영 시설에서 출하된다는 프리미엄과 신뢰성이 더해져 수요가 점점 늘자, 번 정부도 직영 사업으로서의 상업적 관점에 주목하고 판매 증대 노력을 기울인다. 그 결과 당시 에도에서는 '미소' 하면 십중팔구 센다이미소를 지칭할 정도로 센다이미소는 높은 지명도를 자랑하는 미소의 대명사가 된다.

센다이미소가 에도의 미소 시장을 석권할 수 있었던 것은 크게 보아 세 가지 측면이다. 첫째 단맛이 적은 담백함이 당시 에도 인구의 상당수를 차지하던 간토나 도호쿠 지방 출신자들의 입맛에 잘 맞았다는 점, 둘째 '오엔소구라' 설립 이래로 축적된 기술을 바탕으로 고품질의 미소를 안정적으로 출하할 수 있었다는 점, 셋째 에도와 비교적 가까운 도호쿠 지역의 원료를 해로를 이용하여 단기간 내에 운송함으로써 재료의 확보와 가격 경쟁력 면에서 우위를 점할 수 있었다는 점이 그것이다. 현대의 경제 논리에 비추어도 크게 다르지 않은 성공 요인이다.

새로운 시대, 넘버원 미소의 자리는?

메이지유신으로 번이 폐지됨에 따라 히가시오오이의 미소 공장은 센다이 번주로부터 센다이의 호상豪商인 야기八木 가문에 인수되어 민영화된다. 그 이전부터 사사주佐々重의 창업(1854년)을 비롯하여 여타 민간업자도 미야기宮城현과 에도 일대에 공장을 설립하여 미소 시장에 뛰어든다. 본

에도시대 식료품 상인의 모습. 된장, 간장, 두부, 청과, 생선, 간단 식사 등을 긴 봉에 매달아 거리를 돌아다니며 파는 상인을 후리우리振売り라고 한다.

격적인 근대화 추진에 따라 산업화가 진행되고 신기술이 속속 도입되는 시대였다. 누가 더 시대의 변화에 민감하고 깨어 있느냐가 생존과 성패를 좌우하는 시대가 되었다. 미소 시장도 예외가 아니었다.

1915년 일본육군양말창日本陸軍糧秣廠 소속의 가와무라 고로河村五郎 가 속양법速釀法을 개발한다. 가열과 냉각 등 과학적 온도 조절로 누룩균의 활성화를 컨트롤해 미소의 양조기간을 1년에서 수개월로 단축시킴으로써 물량과 코스트 면에서 비약적으로 생산성을 높일 수 있는 신기술이었다. 이 기술은 센다이미소의 양조법과 유사한 면이 있어 센다이미소 제조업체들에 의해 적극 채용된다. '속성으로 만든 센다이미소무づくりの仙台みそ'라는 의미에서 '하야센무仙'으로 불린 염가형 센다이미소가 대량으로 시장에 공급되기 시작하자 센다이미소는 간토, 도호쿠의 시장을 석권하며 전국적으로 보급되기 시작한다. 한발 앞선 신기술의 채용이 달리는 말의 등에 날개를 달아준 것이다.

그러나 영원할 것 같던 센다이미소의 독주도 한순간에 위기를 맞게 된다. 1944년 나가노현 출신의 미소 제조업자인 나카다 에이조中田榮造가 보온법保溫法을 가일층 발전시켜 불과 한 달 만에 공장 출하가 가능한 신기술을 개발한 것이 계기였다. 이 공법은 예전부터 향토 미소로 독자적 수요를 확보하고 있던 신슈미소 생산에 적용되었다. 종전 후 극심한 물자난에 시달리던 상황 속에서 가장 빠르고 저렴하게 미소를 공급할 수 있었던 신슈미소는 순식간에 전국 시장점유율을 30퍼센트로 끌어올리며 급속히 시장을 파고들었다.

가격경쟁력에서 열세를 면치 못한 센다이미소는 속수무책으로 점유율이 하락하는 것을 지켜볼 수밖에 없었다. 이후 물자난이 해소되고 경제부흥의 시기가 찾아왔지만, 한번 신슈미소에 길들여진 일본인들의 입맛은 돌아올 줄 몰랐고, 신슈미소는 전국 점유율 40퍼센트를 차지하는 넘버원 미소의 자리에 등극한다. 신기술에 허를 찔린 센다이미소는 여전히 3대 미소의 하나로 꼽히며 옛 명성을 유지하고는 있지만, 나고야의 핫초미소에 2위 자리를 내주는 등 미소의 대명사로서 에도시절에 누리던 절대적 지명도와 인기에는 미치지 못하고 있다.

경쟁과 자율성이 꽃피운 미소 문화

일본 근세기의 '미소의 정치경제학'을 관통하는 키워드는 '경쟁'과 '자율성'이다. 번과 번이 서로 경쟁하였고, 각 번은 막부에 대해 일정한 의무만 이행하면 상당한 자치권을 행사할 수 있었다. 이 두 가지 속성이 공존하는 독특한 중앙집권과 지방분권의 이중적 구조하에서 각 지방이 저마다의 방식으로 치열하게 경쟁하면서 성장한 것이 일본의 미소 문화이다.

아널드 토인비는 인류 문명의 흥망성쇠를 '도전과 응전challenge and response'의 원리로 설명한 바 있다. 미소의 예처럼 일본에서는 센고쿠시대에서 근세에 이르는 시기에 '영토'와 '시장'을 대상으로 하는 경쟁본위의 환경 속에서 도전과 응전의 반복을 통해 변화와 발전이 이루어지는 사회적 역동성을 엿볼 수 있다. 이 시기에 배양되고 체화된 '경쟁원리에 대한

이해, 실용주의적 현실감각, 변화에 대한 감수성, 신기술에 대한 수용성'
등은 지금도 일본 사회에 면면히 이어져 일본 경제의 경쟁력을 담보하는
사회심리적 토대가 되고 있다.

제5장

여행천국의 나라,
관광입국의 시대

영어 속담에 '가장 사랑하는 자식은 여행을 떠나보내라'라는 말이 있다. 꼭 이런 속담이 아니더라도 여행이 단순한 여가를 넘어 세상을 바라보는 인식의 지평을 넓히는 소중한 경험의 기회임을 다들 잘 알고 있다.

전근대와 근대를 구분하는 가장 극적인 차이 중 하나는 이동의 자유에 대한 관념일 것이다. 현대인들은 가고 싶은 곳에 가는 것이 당연한 권리이지만(그것이 근대화의 표상이지만), 인신이 토지에 부속된 전근대의 보통 사람들은 태어난 곳에서 100리를 벗어나지 못하고 생을 마치는 것이 일반적이었다. 근대에 눈 뜬 유럽에서도 서민 여행이 대중화된 것은 19세기 이후의 현상이다. 철도교통망이 정비되면서 비로소 자신의 거주지를 떠나 타 지역을 여행하는 사회문화적 현상이 확산되기 시작하였다. 일본은 특이하게도 에도시대 중기부터 일반 서민층 사이에 상당한 수준의 여행 대중화가 진전되었다. 서구와 비교해도 무려 100년이나 앞서는 것이다. 근세 초엽부터 독특한 종교·사회·문화적 환경 속에서 구축된 여행 생태계는 일본의 근대화에 있어 큰 의미를 갖는다. 여행은 본질적으로 인적 이동과 교류를 의미하며, 이는 정보의 유통이라는 측면에서 물건의 이동보다 훨씬 큰 파급 효과를 낳기 때문이다.

여행이 대중화되기 위해서는 물질적·사회적 조건이 충족되어야 한다. 이동에 필요한 교통망, 숙박시설, 치안治安, 희구希求의 대상이 되는 명소·명물, 유희 또는 도락道樂거리가 존재하여야 하며, 무엇보다 일시적이나마 노동에서 벗어난 여가의 시간과 이동의 자유가 허락되어야 한다. 일본은 특이하게도 전근대 사회임에도 불구하고 이러한 여행 대중화의 조건이 충족되고 제약이 제거되었다. 일본은 18세기 중엽에 이미 연간 100만이 넘는 여행객이 전국을 누비는 세계 최고의 여행천국이었다.

일본을 여행하는 한국인은 아름다운 자연, 잘 갖춰진 시설, 다양한 볼거리, 풍족한 먹거리, 정갈한 서비스 등에 만족한다. 외국 관광객들이 일본을 여행할 때 느끼는 이러한 호감은 비단 한국인뿐만 아니라 전 세계인들이 공통적으로 느끼는 것이다. 여행하기 좋은 나라 일본의 모습은 하루아침에 이루어진 것이 아니다. 일본의 여행 생태계에는 300년이 넘는 축적이 담겨 있다.

이세신궁 참배를 위해 미야가와 강을 건너는 사람들. 우타가와 히로시게의 우키요에.

평생에 한 번은 이세참배를……

에도시대 일본인들의 여행 욕구를 불러일으킨 것은 소위 '사사참예社寺
參詣'*의 종교적 동기였다. 서양의 순례pilgrimage와 유사한 동기이다. 특
히 일본 건국신화의 상징인 이세신궁伊勢神宮 참배**가 그 중심에 있었다.
중세 이전에는 황족 또는 귀족들만이 신도 신앙의 본산인 이세신궁 참배
순례를 할 수 있었으나, 에도 막부 성립 이후 평화와 번영의 시대가 도래
하자 이러한 욕구가 서민층에게까지 물결처럼 확산되었다. 서민들 사이
에 "평생에 한 번은 이세참배를……"이라는 말이 있을 정도로 일본인들
에게 이세신궁 참배는 평생의 목표가 되었다.

---

* 신사神社와 불사佛寺에 참배하는 것.
** 이를 '伊勢参り(이세마이리)'라고 한다.

에도시대의 여권에 해당하는 '쓰코테가타'.

에도시대 초기까지 서민, 특히 농민은 이동의 자유가 엄격하게 제한되었다. 군사적 목적이나 승려 등의 특수 신분이 아니면 번의 경계를 넘는 것이 허가되지 않았고, 이동을 할 수 있다 하여도 안전이 보장되지 않았다. 17세기 후반 이후 이동의 자유 제한이 점차 완화되면서 '쓰코데가타通行手形'*를 발급받아 합법적으로 이동하는 인구가 늘어나기 시작한다. 쓰코테가타는 에도시대 초기만 해도 발행이 엄격히 제한되었지만, 일본의 조상신을 모시는 이세신궁 참배라는 목적은 이러한 증서를 발급받는 데 매우 유효한 명분이 되었다. 민간의 이세참배에 대한 욕구가 워낙 간절하다 보니 막부와 각 번도 민심을 무시할 수 없었고, 정치적 안정과 행정력 확립에 힘입어 점차 이세참배를 위한 여행에 관대한 정책을 취하게 되었다. 에도시대 중기 이후에는 웬만한 서민들도 일정한 자격요건을 갖추면 쓰코테가타를 큰 어려움 없이 발급받아 합법적으로 여행을 할 수 있게 되었다.

---

* 주요 경계인 세키쇼關所나 반쇼番所를 통과할 때 필요한 통행증으로 현대의 '여권'에 해당하는 신분증명서이다. 무가의 경우는 소속 번의 영주가 발행하고, 평민의 경우에는 발행권을 위임받는 소속마을의 촌장이나 사찰의 주지, 신사의 궁사宮司 등이 발행하였다.

모든 길은 에도로 통한다

이동이 허락되었다고 해서 여행인구가 바로 증가할 수 있는 것은 아니다. 관련 인프라가 뒷받침되어야 비로소 여행이 활성화될 수 있다. 에도시대 여행의 대중화에 크게 기여한 것은 참근교대제에 따른 도로망의 정비이다. '모든 길은 에도로 통한다'는 말이 생길 정도로 에도와 주요 지방을 연결하는 간선도로인 고카이도가 정비되어 교통의 혈맥 역할을 하였고, 이세신궁을 참배할 때 이용하는 도카이도東海道는 다이묘들이 참근교대 시 가장 많이 이용하는 길이어서 각 번으로부터 도카이도까지 연결되는 지방도로들이 정비되었다. 가도街道를 따라 조성된 슈쿠바마치宿場町는 여행객의 이동 편의를 크게 제고하였다.

얼마나 많은 인원이 이동을 하였기에 에도시대를 '여행천국'으로 부

참근교대제는 도로·숙박시설 등 에도시대 여행의 대중화에 크게 기여했다.

를 수 있는 것일까? 1690년부터 3년간 네덜란드 동인도회사 소속 의사로서 나가사키의 데지마상관出島商館*에 주재했던 엥헬베르트 카엠프페르 Engelbert Kaempfer가 자신의 에도 여행 경험을 기록한『에도참부여행일기江戶參府旅行日記』에는 다음과 같은 대목이 있다.

　이 나라의 가도街道에는 매일 믿을 수 없을 만큼의 사람들이 있어, 여행객이 몰리는 계절에는 인구가 많은 유럽 도시의 시내와 비슷할 정도로 사람들이 길에 넘쳐난다. 나는 일곱 개의 주요 가도 중 가장 큰 노카이노를 네 번이나 왕래했다. (사람들이 이렇게 많이 다니는) 이유의 하나는 이 나라의 인구가 많다는 것과 다른 하나는 다른 나라 국민들과 달리 이들이 상당히 자주 여행을 한다는 것이다. (중략) '이세참배'에 나선 사람들은 정해진 가도의 일정 구간을 이용해야만 한다. 이 참배여행은 특히 봄에 많이 집중되며, 그때가 되면 가도는 참배 여행객들로 가득하다. 나이, 신분, 성별에 관계없이 신앙과 여타 동기에서 엄청난 수의 사람들이 여행에 나선다.

　유럽인들 눈에 비친 일본은 유럽을 뛰어넘는 여행천국이었던 것이다. 일본의 한 학자가 카엠프페르가 도카이도의 모습을 기록한 18세기 초반 도카이도를 통행한 인원의 규모를 추산해본 적이 있는데, 그 숫자가 놀랍

＊　나가사키에 마련된 네덜란드인 전용 거류구역.

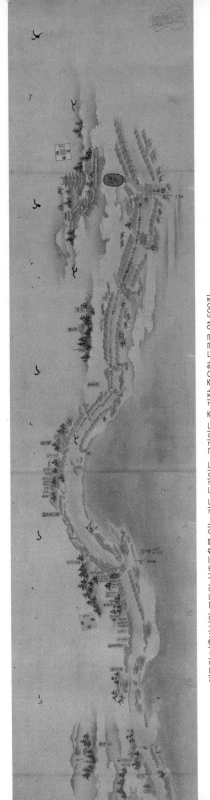

에도의 니혼바시와 교토의 산조三条를 잇는 가도 도카이도. 고카이도 중 가장 중요한 도로로 약 500킬로미터에 이르렀다. 히시카와 모로노부菱川師宣 작.

다. 도카이도 주요 길목에 위치한 하마나浜名 호수에는 당시 다리가 없었기 때문에 모든 통행인은 배를 이용해야 했다. 1702년 정부의 허가를 받아 운행한 도하선渡河船의 운행일지를 보면 4만 4700여 회 왕복을 한 것으로 기록되어 있다. 회당 20명 정도의 탑승인원을 가정하고, 우회 육로를 이용한 인원이나, 별도의 전용 선박을 이용한 다이묘 참근단의 인원을 더할 경우 연간 100만이 넘는 인원이 도카이도를 이용한 것으로 추산된다. 당시 일본의 인구가 3000만 명을 약간 상회하는 수준이었던 점을 감안하면 실로 엄청난 인원이 도카이도를 이용해 이동하고 있었던 것이다.

이세신궁의 방문 기록도 이러한 숫자를 뒷받침한다. 1718년 이세신궁 측에서 막부에 올린 상계上契에는 그해 정월에서 4월 중순까지 42만 7000명이 이세신궁을 참배한 것으로 기록되어 있다. 대개 농민들이 농한기에 여행을 떠나는 사정을 감안하더라도 매년 최소한 50만 이상의 참배객이 이세신궁을 방문한 것으로 추산된다. 오늘날 한국을 방문하는 일본인이 연간 250만 내외인 점을 감안하면, 300년 전 50만의 이세신궁 방문객 수는 실로 경이적이라 하지 않을 수 없다.

여행의 대중화: 장기투어, 고講, 료칸, 유곽

이세참배는 시간이 지나면서 점점 종교적 의미가 퇴색하고 유희와 유람의 목적으로 변질된다. 한번 다녀보기 시작하니 유희의 인간homo ludens으로서의 본능이 눈을 뜨기 시작한 것이다. 이러한 변질은 서민들의 이세참배 여행 일정의 변화에서 드러난다. 초기에 이세신궁만을 다녀오던 '이세 왕복형' 일정이 점차 '명소 주유형周遊型' 일정으로 바뀐 것이다. 이세신궁 이외의 유명 온천이나 유적, 명승지, 에도, 오사카, 교토 등지의 대도시를 일정에 포함시키고, 일정도 50~70일을 넘나드는 장기투어가 성행하였다.

당시 도호쿠 지방 사람의 참배여행 기록을 보면 이세신궁에 들러 참배를 한 후, 나라奈良, 아스카飛鳥, 교토, 오사카 등 긴키 일대의 명소를 돌아보고, 오는 길에 에도에 들러 수도首都의 위용과 첨단 도시문명을 체험하고 나서야 고향으로 발걸음을 옮기는 장장 3~6개월의 대여정이 드물지 않다. 현대인들도 대부분 꿈이나 꿀 법한 장기여행을 에도 서민들은 실행에 옮기고 있었다.

여행 대중화의 물꼬가 트임에 따라 인프라·제도·문물·관습이 여행친화적으로 진화하고, 이러한 변화가 다시 사회 전반에 여행을 더욱 촉진하는 선순환이 이루어진다. 몇 가지 변화를 소개하면, 먼저 여행경비 마련을 위한 '고講'의 유행이다. 고란 본래 종교적 교리나 신념을 같이하는 사람들이 기도회, 강독회 등을 하면서 일정 금액을 상호부조의 목적으로 적립하는 모임이다. 이세참배가 유행하면서 많은 '이세고伊勢講'가 지역 공동체 단위로 생겨나 적립금을 모으고 추첨이나 투표를 통해 이세참배자를 선발하여 비용 문제를 해결하는 한편, 여행에서 얻어진 결과를 기록하고 공유하였다. 당시 여행은 개별적 자아실현의 의미를 넘어 집단기억의 생성과 공동체 유대 강화의 의미가 있었던 것이다. 이러한 일본인들의 여

도카이도 슈쿠바마치 아카사카슈쿠赤坂宿에 위치한 하타고 오하시야大橋屋. 1649년에 창업하여 2015년 폐업할 때까지 366년 동안 영업하였다.

행에 대한 인식은 명맥이 이어져, 지금도 다양한 공부회, 취미회, 동호회에서 기금을 적립하고 공동의 관심사를 반영하는 단체여행을 즐기는 문화가 발달해 있다.

한국인들이 일본에 가서 감탄해 마지않는 료칸旅館 문화도 이때부터 싹트기 시작한다. 초기 형태는 '기센木錢'이라는 자취형自炊型 숙박시설이다. 잠자리와 함께 땔감이 제공되는 원시 형태의 숙박시설로, 여행객들은 음식재료를 휴대하고 다니다가 기센에 들러 잠자리와 먹거리를 해결하였다. 여행객들이 항상 식재료를 휴대한다는 것은 어려운 일이기에

'고메다이米代'를 겸하는 기센이 늘어나기 시작하였다. 고메다이는 '쌀값'이라는 뜻으로 쌀과 간단한 음식을 함께 판매하는 형태의 숙박시설이다. 18세기 초엽이 되면 기센/고메다이는 '하타고旅籠'로 진화한다. 하타고는 음식과 숙소가 제공되는 본격적인 숙박시설이다. 점차 하타고 사이에 경쟁이 생기면서 보다 고급화하고 특색 있는 로케이션, 음식, 시설, 서비스 등을 강점으로 내세우는 료칸이 등장한다. 이러한 오랜 축적의 역사 속에서 태어난 료칸은 일본적 정취를 함축한 독창성과 정체성이 돋보이는 숙박문화로서 전 세계인들의 사랑을 받고 있다.

유명사찰이나 신사는 자체적으로 '슈쿠보宿坊'라 불리는 숙박시설을 건립하기도 하였다. 수많은 참배객이 몰리는 이세신궁의 경우는 외궁外宮 인근에 무려 600채가 넘는 슈쿠보마치宿坊町가 조성되기도 하였다. 슈쿠보에서의 숙박을 비롯하여 참배, 기념품 구입, 주변명소, 여흥거리 등을 안내하고 주선하는 사람을 '오시御師'라고 한다. 이세신궁 소속 오시는 차별성을 나타내기 위해 특별히 '온시'라고 불렀다. 이들은 해당 사찰이나 신사의 안내서를 들고 전국을 돌아다니면서 참배객을 모집하기도 하였다. 현대적 의미의 패키지투어 기획자이자 여행가이드인 셈인데, 일본의 전문여행업은 오시의 존재와 활동에 뿌리를 두고 있다고 할 수 있다. 여행산업의 연원이 그 어느 나라보다도 길고 깊은 것이 일본이다.

참배객이 많은 유명신사나 사찰의 주변에는 몬젠마치門前町라는 유흥가가 생겨났다. 몬젠마치는 사설 숙박시설과 함께 연극, 가극, 기예 등을 공연하는 극장, 기념품 판매점, 음식점, 유곽 등이 밀집해 있는 곳이

다. 현대의 라스베이거스를 연상하면 되는 유흥지역이다. 참배보다 유람이 더 큰 목적이 되는 세태 속에서 몬젠마치는 번성일로를 달린다. 여성의 이동 제약으로 인해 주로 남성들로 구성된 참배여행객들은 참배 전까지는 나름대로 경건함을 유지하다가 참배가 끝나면 소위 '쇼진오토시精進落とし'라 하여 몬젠마치에 들러 일상으로부터의 해방감과 세속적 쾌락을 추구하였다. 특히 유곽이 성업하여 이세신궁 주변에 조성된 몬젠마치인 '후루이치古市'는 에도의 요시와라吉原, 교토의 시마바라島原와 함께 3대 유곽 밀집지역으로 불릴 정도였다. 후루이치의 전성기에는 유곽이 70여 곳, 여성 종사자가 1000명이 넘었다고 한다.

기념품 판매점은 커다란 수익을 올리며 상업자본화하였고, 토산품 시장의 형성으로 공예·식품 등 지역산업 발전이 촉진되었다. 환락가의 번성은 자연스럽게 검은돈의 유통과 자체 치안의 필요성을 유발하였다. 도박 등의 불법 유기업遊技業, 유곽 경영, 고리대금업, 자경단 역할 자임 등을 통해 이권을 챙기는 불량배 무리들이 생겨났다. 야쿠자로 불리는 현대의 도시기반형 폭력조직은 이 시기의 이러한 도당徒黨들에 그 뿌리를 두고 있다.

참배여행이 대중화되면서 여행의 백미로 여겨지게 된 것은 뭐니 뭐니 해도 도시 방문이었다. 도시생활에 신물이 난 현대인들이야 자연친화적인 시골이나 휴양지로 여행을 가지만, 시골 거주자가 많은 에도시대의 서민들에게는 에도, 오사카, 교토 등지의 도시문화를 체험하는 것이야말로 꿈에 그리던 평생소원이었다. 인구 100만을 자랑하는 초거대도시 에도는 문화, 예술, 오락, 유흥 모든 면에서 일본의 정치적 안정과 경제적 번영을 느끼도록 하기에 충분하였고, 물자가 넘쳐나는 상업도시 오사카는 산해진미의 식도락과 특유의 활기로 여행객을 매료시켰으며, 역사의 향기를 느낄 수 있는 천년 고도古都 교토는 찬란한 유물과 유적을 통해 일본인으로서의 정체성과 자부심을 고양시키는 장소로서 여행객들의 필수 코스가 되었다. 지금도 이 세 도시는 일본 여행의 메카로서 전 세계로부터 여행객을 끌어 모으고 있다.

시대를 앞서간 '觀光'의 탄생

한국의 학자들이 에도시대 여행 대중화를 연구하면서 흔히 놓치는 포인트가 하나 있다. 여행과 관광을 구별하지 않고 사용하는 것이다. 엄밀히 말해서 여행과 관광은 같은 개념이 아니다. 관광이란 말은 중국 고전인 『역경易經』에 나오는 '관국지광觀國之光'에서 비롯된 말이다. 『주역』의 관괘觀卦 효사爻辭 중에 "관국지광, 이용빈우왕觀國之光, 利用賓于王"이란 구절이 있는데, '나라의 빛을 살펴 그로써 왕을 섬기고 이롭게 한다'는 뜻이다. 에도시기에 들어 통치철학으로서 주자학이 중시되면서 덕치德治의 경전으로서 『역경』을 연구하고 해석하는 학풍이 유행하였는데, 이때 유학자들의 주목을 받은 것이 '관국지광'이었다. 일본의 유학자들은 관국지광, 즉 관광觀光을 '나라의 빛을 살피는 것이 곧 군주의 덕을 가까이 느끼고 찬양하는 것'이라는 의미로 해석하였다.

유교적 동양의 전통에서 '광光'은 빛나는 문물, 전통, 군주의 덕德으로 이루어진 '나라의 찬란함과 위대함'을 의미한다. 일본으로부터의 해방을 '광복光復'이라 하는 것도, 홍콩이 일본의 점령으로부터 벗어난 날을 '중광절重光節'이라 하는 것도 이러한 연유이다. 일본에서는 에도시대 초엽에 군주의 덕을 찬양한다는 의미를 담아 건물, 학교의 이름 등에 '관광'이라는 단어를 사용하였으며, 중기에 들어서면 참배여행의 확산과 맞물려 '각지의 빛나는 문물, 명소, 전통 등을 찾아 살피는 것'이라는 의미로 관광의 의미가 통용된다.

단어의 유래에서 알 수 있듯이 관광은 단순한 유희활동으로서의 여행tour이나 구경sightseeing이 아니다. 관광은 나라의 위용과 위대함을 상징하는 빛나는 자랑거리를 직접 목도하고 체험하도록 함으로써 경외심, 소속감, 충성심을 고취시키는 정치적 사회화의 의미가 내포되어 있다. 이러한 관광의 속성은 현대국가에서도 발견되는 보편적인 현상이다. 옛 영화를 상징하는 역사유적, 국력을 상징하는 거대한 구조물, 문화의 우수성을 시사하는 박물관과 미술관, 천혜의 자연환경 등이 주요 관광 포스트가 되는 것과 같은 이치이다. 학생시절 수학여행이 거의 예외 없이 이러한 의미 부여에서 기획되는 것도 마찬가지이다.

일본은 이러한 관광의 속성이 다른 어떤 나라보다도 먼저 발현되었고, 그것이 다시 근대시기 통치기반 강화와 통합의식 함양으로 연결되었다는 점에서 단순한 여행천국을 넘어 관광을 통해 국가발전의 토대를 마련한 '관광입국觀光立國'의 나라라 할 수 있다. 여행과 관광이라는 예외적 이동의 자유를 통해 외부세계에 대한 탐구욕, 향상심, 통합의식이라는 근대성의 맹아가 형성된 것인데, 이는 일본의 근세를 서구적 봉건시대와 구별 짓는 특징 중 하나다.

제6장

출판문화 융성의 키워드: 포르노, 카피라이트, 렌털

18세기 영국의 계몽수필가 조지프 애디슨Joseph Addison은 "독서와 마음의 관계는 운동과 신체의 관계와 같다Reading is to the mind what exercise is to the body"라는 말을 남겼다. 안중근 의사는 "하루라도 책을 읽지 않으면 입안에 가시가 돋는다"고 했다. 책을 통한 사유능력의 성장과 책 읽는 습관의 중요성을 말한 것이다. 책을 가까이 하는 민족과 그렇지 못한 민족의 집단지성의 차이는 클 것이다. 국민의 독서습관은 그 나라 지적 역량의 가늠자이다.

일본은 높은 독서열로 유명한 나라이다. 요즘은 휴대폰 때문에 예전 같지 않다지만, 얼마 전만 해도 일본인들이 (만화책이건 주간지건) 뭔가 손에 읽을거리를 들고 독서 삼매경에 빠져 있는 지하철 풍경이 한국 사회에서 많이 회자되고는 하였다. 출판문화는 더더욱 엄청나서 책 마니아들은 도쿄의 서점거리인 진보초神保町에 가면 속된 말로 침을 질질 흘린다. 일본의 높은 독서열과 출판문화의 뿌리는 300년을 거슬러 올라간다. 책을 '텍스트화 또는 이미지화된 묶음 정보의 유통 매체'라고 정의했을 때 에도시대는 책의 융성시대였다. 하시구치 고노스케橋口侯之介라는 연구자의 분석에 따르면 에도시대에 적어도 10만 종 이상의 신간 서적이 출판되었다.

16세기까지 일본의 출판문화는 유럽, 중국은 물론 조선에 비해서도 뒤처져 있었다. 그러나 전쟁의 시대가 끝나고 평화의 시대가 도래하자 상황이 반전된다. 17세기 이후 일본의 출판문화는 엄청난 기세로 성장한다. 17세기 중반이 되면 200여 개의 출판업자가 경쟁하고, 18세기 중반이 되면 연간 1000여 종의 신간이 서점에 쏟아져 나오고, 19세기에 접어들면 거의 모든 국민이 책을 일상생활의 필수품으로 활용하는 '출판대국'이 되었다. 전근대 사회임에도 어떻게 이러한 기적과 같은 변화가 가능했을까? 포르노pornography, 판권copyright, 대여업rental business에 그 비결이 있다.

출판 혁명의 시작은 포르노

전쟁의 시대가 끝나고 평화와 번영의 시대가 도래하자 지배층의 지식, 교양에 대한 욕구가 높아진다. 16세기 말 한반도와 유럽의 선교사를 통해 도입된 활판活版인쇄술도 일본인들의 지적 욕구를 자극하였다. 그러나 활판인쇄는 경제적으로 기술적으로 상용화하는 데에 어려움이 있었다. 에도인

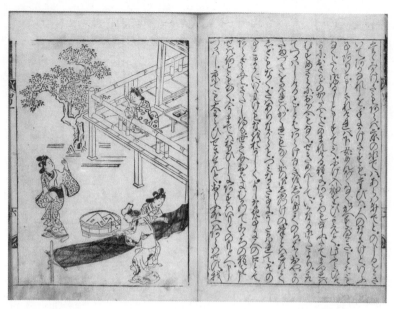

일본 독서열풍의 출발점이 된 판타지 포르노그래피 소설 『호색일대남』. 1682년에 첫 발간되었다.

들은 목판인쇄에 다시 주목하고 기술을 가다듬어 책의 대량생산, 유통 체계를 갖춘다. 에도시대 초엽 17세기까지 출판의 중심지는 교토였다. 혼야本屋 또는 쇼린書林이라 불리는 교토의 출판업자들이 관官이나 사원에 연계되어 불서佛書, 한서漢書, 역사서, 의서醫書 등의 고전 또는 정통서(이를 '모노노혼物之本'이라 한다)들을 간행하였다. 책은 재미없고 어려운 상류 지배층의 전유물이었다. 그러던 것이 17세기 말엽에 일대 혁명적 전환이 찾아온다. 1682년 오사카에서 발간된 이하라 사이카쿠井原西鶴의 『호색일대남好色一代男』이라는 오락소설이 전대미문의 히트를 친 것이다.

제목에서도 알 수 있듯이 『호색일대남』은 '요노스케世之介'라는 남자주인공의 7세부터 60세에 이르는 54년간에 걸친 파란만장한 '섹스 라이프'를 다룬 소설이다. 주인공인 요노스케는 7세 때 첫 경험을 한 이후 전국을 방랑하며 육체적 로맨스에 탐닉하는데, 때로는 친척 여동생, 때로는 유곽의 여인, 때로는 남의 아내, 심지어는 미소년까지 상대를 가리지 않고 질펀한 성관계를 맺는다. 이러한 각각의 에피소드가 단편을 이루어 옴니버스 형식으로 구성된 8권 8책에는 한 호색남의 일생에 걸친 '섹스 판타지 어드벤처 로망'이 담겨 있다. 요노스케가 관계를 맺은 상대는 무려 여성 3742명, 남성 725명이라 한다(에도 중기까지는 남색男色이 드물지 않았다).

『호색일대남』은 관음증을 자극하는 에피소드도 에피소드지만, 현대 학자들이 극찬할 정도로 고품격 포르노그래피로서의 관능미와 묘사, 은유가 절묘하며, 당시 각 지역의 풍정風情과 서민들의 희로애락, 생활상이 당대 언어로 생생하게 담겨 있어 문학작품으로서의 가치도 높다고 한다. 이하라 자신이 직접 그렸다고 하는 삽화는 텍스트에 시각적 효과를 더하여 독자의 이해를 돕고 흥미를 유발하였고, 이후 에도시대 '재미있는 읽을거리'의 전형으로서 후대 작품에 영향을 미친다.

일본 전역에 『호색일대남』 열풍이 불어, 글을 읽을 줄 아는 사람은 책을 읽고, 글을 읽을 줄 모르는 사람은 글을 읽을 줄 아는 사람에게 구전口傳을 간청하거나, 그림이라도 보면서 아쉬움을 달랬다. 판매부수에 대한 정확한 기록은 없지만, 인쇄의 기본이 되는 판목이 오리지널 외에 5종이나 더 제작된 것은 높은 인기와 판매량을 뒷받침한다. 『호색일대남』의 히트를 계기로 일본 사회는 책의 대중소비 시장 가능성에 눈을 뜬다. 이후 '재미'를 표방하는 오락서적(이를 '소시草紙'라 한다) 붐이 일면서 기존의 '모노노혼'과는 전혀 다른 양상의 대중출판물 시장이 형성된다. 포르노가 인터넷 보급에 공헌하였다는 말이 있다. 포르노 사이트에 접속하고자 너도나도 인터넷에 가입하였다는 것이다. 맞는 분석인지 모르나, 일본의 출판역사에 『호색일대남』이 미친 영향을 생각하면 우스갯소리로 넘길 수만은 없을 듯하다.

시대를 풍미한 초베스트셀러의 등장

『호색일대남』 이후 '구사조시草双紙'라는 장르가 유행한다. 구사조시는 에도 중기인 18세기 중반부터 에도 말기인 19세기 초반까지 에도를 중심으로 출간된 대중오락서적의 통칭으로, 그림과 텍스트를 같은 판목에 새겨 인쇄함으로써 시각적 효과가 가미된 '가벼운 읽을거리'의 형태를 띠고 있다. 오늘날 만화의 원류로 보는 시각도 있다.

에도에 출판 붐이 일면서 현재로 치면 100만 부 이상의 판매량에 해당하는 초베스트셀러가 속속 등장한다. 대표적인 것 몇 가지를 소개하면, 먼저 『난소사토미핫켄덴南総里見八犬傳』이라는 장편소설(당시에는 '소설'이라는 말이 없었지만)이다. 저자인 교쿠테이 바킨曲亭馬琴이 1814년부터 1842년까지 28년 동안 총 106책冊에 걸쳐 집필한 집념의 '일생작work of a lifetime'으로 유명한 이 작품은 센고쿠시대 일본을 배경으로 권선징악,

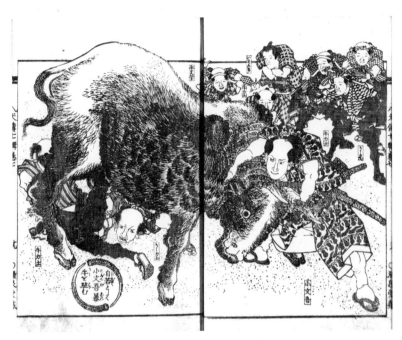

『난소사토미핫켄덴』 제7집 권7(1830년)의 한 장면. 에도 후기 요미혼의 이정표와 같은 존재이다.

에도시대 최대의 베스트셀러가 된 짓펜샤 잇쿠의 『도카이도주히자쿠리게』.

인과응보를 주제로 한 창작 판타지물이다. 이 작품을 모티브로 한 만화나 영화가 현대에도 재생산될 정도로 대중문학의 틀을 바꾼 근세 요미혼讀本의 이정표와 같은 존재이다.

짓펜샤 잇쿠十返舍一九가 쓴 『도카이도주히자쿠리게東海道中膝栗毛』 (1802~09년)는 에도시대 여행, 관광 붐의 기폭제가 되는 기념비적인 작품이다. 에도에 사는 평범한 중년남성과 청년이 콤비를 이루어 이세참배 여행을 떠나는 스토리를 코믹하게 서술한 이 작품은 당초 초편과 속편의 2편으로 종료할 예정이었으나, 상상을 초월하는 대히트 덕분에 이세를 넘어 오사카까지 여행을 계속하는 8편까지 연장되었다. 8편으로 일단락되는 듯하였으나, 독자의 열화와 같은 성원으로 도카이도를 벗어나 일본 각지를 돌며 여행하는 스토리를 추가하는 『조쿠히자쿠리게續膝栗毛』 (1810~22년)가 출간되었다. 도중에 작가가 소재 고갈로 집필을 몇 번이나 그만두려 하였으나 제발 연재를 계속해 달라는 독자들의 간청으로 집필을 이어갔다고 할 정도이다. 일본 각지의 명물과 풍속, 인정人情을 코믹한 터치로 풀어낸 에도 기행紀行문학의 걸작은 독자들과 같이 호흡하며 20년이 넘는 세월이 지나서야 겨우 대단원의 막을 내릴 수 있었다. 일설에 의하면 더 이상 인쇄를 할 수 없을 정도로 원元판목이 닳아 판목을 다시 제작해야 했으며, 패러디나 복제판이 다수 제작되며 3만 권 이상이라는 당시로서는 경이로운 판매고를 올렸다고 한다.

기존에 딱딱하고 재미없는 존재이던 '책'이 엔터테인먼트 상품으로 개념 전환이 이루어지자 발달된 상업자본과 유통망에 힘입어 상업출판 시장이 무서운 속도로 성장한다. 18세기 말에 이르면 인구 100만의 정치경제 중심지 에도에 출판업자들이 모여들어 연간 수백 종의 신간을 발행하는 본격적인 상업출판시대가 꽃을 피운다. 구사조시 서적과 우키요에 등의 화첩류, 본격 모노가타리[物語]인 '요미혼' 등이 큰 인기를 모음에 따라 교토를 제치고 에도가 제1의 출판 시장으로 도약한다. 에도의 출판 시장에서는 각종 오락물, 실용서, 여행 가이드북 등 다양한 장르가 개척되고, 출판사의 의뢰를 받아 전문적으로 취재를 하고 글을 쓰고 그림을 그리는 '전업작가'가 직업으로 등장하는 등 현대 출판 시장을 방불케 하는 비즈니스 생태계가 구축된다.

유교의 이상을 완성한 『경전여사』

읽을거리가 많아지자 사회 전반에 글을 배우려는 의욕이 높아진다. 사설 교육기관인 '데라코야寺子屋'는 글을 배우고자 하는 서민들로 넘쳐나고, 데라코야 교습으로 생계를 잇는 평민 지식인층이 대두한다. 데라코야는 공적 교육기관인 번교藩校와 달리 신분을 가리지 않고 교육을 받을 수 있었다. 읽기, 쓰기 등의 기초부터 산수, 주판 등의 실용 기술 그리고 사서 오경 등의 간단한 유교경전 등에 대한 지식이 데라코야를 통해 서민 사회에 폭넓게 보급된다.

책을 읽는 습관이 몸에 붙자 자연스럽게 지적 욕구가 자극되고 독서의 수준이 높아진다. 조닌町人 계층의 경제력이 높아지고 조닌문화가 발달함에 따라 서민들도 재미를 넘어 상식, 교양, 그리고 교육을 통한 '삶의 나아짐'을 추구한다. 어느 서양 선교사가 "이 나라는 시골의 어린 계집아이도 글을 읽고 쓸 줄 안다"고 놀라움의 기록을 남길 정도로 전 국민의 문자해독률이 높아진 19세기 초엽, 당대 굴지의 넘버원 베스트셀러는 놀랍게도 『경전여사經典余師』라는 유교경전 해설서이다. 다니 햐쿠넨溪百年이라는 떠돌이 유학자가 저술한 것으로 알려진 이 책은 사서오경 등의 유교 경전에 히라가나로 음을 달고 저자의 주해를 붙인 일종의 초급 유교경전 해설서이다.

18세기 이후 일본은 기본적으로 무가武家 중심의 신분사회였으나, 각 번이 서로 경쟁하면서 우수한 인재를 발탁하기 위해 평민 계층에게도 관직의 문호를 개방하는 신분 완화의 시기를 맞이한다. 이에 따라 18세기 말이 되면 조닌 계층에서도 관직 등용의 꿈을 안고 통치이념인 유교경전을 공부하는 사람들이 늘어났고, 19세기에 들어서면 유교경전에 대한 지식은 '모르면 부끄러운' 일반인들의 필수 교양으로 자리매김하게 된다. 이러한 시대상 속에서 홀로 유교경전을 독학할 수 있는 길라잡이 역할을 한 『경전여사』가 폭발적인 인기를 모은 것이다.

유교의 이념은 모든 백성에게 '예禮'를 전하여 그들의 삶에서 예를 구현하는 것이라 한다. 그를 위해 통치자가 덕치도 베풀고 법치도 행한다. 그러한 면에서 본다면 유교국가를 완성한 것은 일본이라 할 수 있을 정도로 에도 말기의 일본은 기층민들이 독서를 통해 유교의 이념을 습득하고 일상생활에 체화하려 하였다. 공자가 19세기 초에 살아 돌아와 한·중·일을 둘러본다면 가장 예악禮樂이 숭상되는 나라로 일본을 꼽았을지도 모를 일이다.

일본판 카피라이트, '판권'의 탄생

어떤 학자는 18세기 초 앤 여왕 시대에 영국이 '저작권copyright' 개념을 법제화한 것이 영국이 산업혁명을 선도할 수 있었던 가장 큰 원동력이었다고 분석한 적이 있다. 지식의 재산적 가치와 그 사유화를 법적으로 인정한 것이 경제 주체에게 동기를 부여하여 경제 발전이 촉진되었다는 것이다. 출판물에 대한 권리는 저작권과 판권版權으로 구성되며, 특별한 경우를 제외하고 권리의 중심이 되는 것은 판권이다. 일본의 경우 특이하게도 이러한 서구의 근대법제가 도입되기 전임에도 판권에 대한 자생적인 규범이 형성되었다.

에도시대 출판업의 중심이 된 것은 '한모토版元'였다. 한모토는 판版에 대한 권리를 갖고 있는 자라는 의미이다. 목판은 제작하는 데 숙련 기술자들이 많은 시간과 공을 들여야 하는 불편이 있는 반면, 한 번 만들면 닳아 못 쓰게 될 때까지 몇 백 년이고 책을 찍어낼 수 있는 장점이 있다.

에도시대의 출판업자들은 상품성 높은 책의 판목을 많이 확보하는 것이 사업의 경제성과 지속성을 유지하는 데에 대단히 중요하였다. 당시 출판은 고료를 제외하고도 판목 제작에만 지금 돈으로 수천만 원에 해당하는 자본이 투하되어야 하는 리스크가 큰 투자였다. 손익분기점을 맞추기 위해서는 1000부 이상이 판매되어야 하는데 이는 쉬운 일이 아니었다.*
업자들은 리스크를 줄이기 위해 동업자인 '나카마仲間'를 구성하여 공동
으로 출자하는 경우가 드물지 않았다.

판목이 출판업자의 생명줄과도 같은 중요 재산이 되자 판목의 소유 및
이용 권리의 규범으로서 '판권'이란 개념이 형성된다. 판권은 출판업자
사이에 소유·양도가 가능한 재산으로 인정되었으며, 주식처럼 소유권을
분할하는 것도 가능하였다. 당시 출판업자들은 대관對官업무, 자율규제,
권익보호를 위해 자체적인 조합을 만들었는데, 소속 조합원들이 신규 판
목 제작 시 조합에 원부原簿를 만들어 판권 관련 사항을 등록하면 배타적
인 소유권을 인정받을 수 있었다. 이 원부를 기초로 소유권 이전, 분할 등
변동 사항을 경정更訂함으로써 판권이 재산으로서 온전히 기능할 수 있
는 법적 안정 장치가 마련된다.

판목의 재산적 가치로서의 특징은 물리적 대상물보다 출판을 통해 기
대할 수 있는 파생이익이 더 중요하다는 것이다. 유사한 내용의 판목이
판권 소유자의 허락 없이 제작되거나 해적판이 나돈다면 판권을 소유하
는 의미가 없다. 에도의 출판 조합은 이를 위해 중판重版 또는 유판類版
등의 복제판 제작과 출판을 규제하였다. 자체적으로 등록 신청 단계에서
내용을 검수하여 중판 또는 유판에 해당하면 등록을 거부하였고, 시장에

---

* 에도시대의 출판업자들은 '센부부루마이千部振舞'라고 하여 1000부가 팔리면 축하파티를 열었다
고 한다. 당시 서민의 소득에 비추어 책은 상당히 고가여서 웬만한 책은 현재 가치로 7~8만 원이 넘었
다고 하니 1000부는 결코 적은 판매부수가 아니다.

나도는 해적판은 자체 회수하거나 관청에 신고하여 단속을 의뢰하였다. 초기 형태의 지적재산권 보호 개념이 자생적으로 태동하고 업자들의 공동이익과 시장질서를 위한 민·관 협동체제가 구축된 것은 에도시대의 자본주의 발달 양상을 보여주는 사례라 할 수 있다.

'대본업'의 등장과 공유경제

출판 시장이 성립하기 위해서는 공급자와 소비자를 연결하는 유통이 중요하다. 기본적으로 모노노혼物之本을 취급하는 혼야本屋, 오락물 등을 취급하는 소시야草紙屋가 공급자이다. 교토, 에도, 오사카 그리고 나고야의 4대 도시에 거점을 둔 이들 메이저 출판업자들은 본사 격의 책방을 차려놓고 도소매로 서적을 판매한다. 특히 혼야는 '쇼시書肆'라고 하여 출판사, 인쇄소, 서점의 일관 공급체계를 갖춘 출판 프로듀서로서 출판 생태계에서 가장 중요한 역할을 하였다. 4대 거점 이외의 지방도시에서는 메이저 출판업자들과 '나카마仲間' 관계에 있는 지역 서점들이 일종의 총판대리점으로서 도매로 책을 떼어와 판매하였다. 이를 통해 전국적인 출판유통망이 형성된다.

당시 출판은 작가가 '기요즈리淸刷り'라는 원고를 작성하면 판각 전문가인 '호리시彫師', 인쇄전문가인 '스리시刷師' 등의 직인職人들이 '분화와 전문화'의 원리에 따라 제판, 인쇄, 제본 등에 참여하여 이루어졌다. 전술한 바와 같이 이러한 작업에는 상당한 초기투자가 필요하다. 문제는 당시

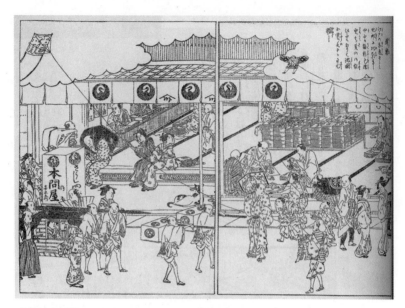

지혼돈야地本問屋. 에도에서 출판되는 대중 서적을 만들고 파는 도매상이었다.

책이 서민들이 구입하기에는 상당히 고가였기 때문에 아무리 인기 있는 책이라도 판매량을 늘리는 데에는 한계가 있었다는 것이다. 공급자 측인 출판업자들이 리스크 경감을 위해 고안한 방식이 '공동출자와 판권의 분할'이라면, 수요 측면에서 안정적 판로 확보를 위해 고안된 방식이 '대본업貸本業'이다.

에도시대의 대본업은 현재의 책 또는 비디오 대여점과 거의 유사하다. 대본업자가 판매처에서 책을 구입, 소비자에게 요금을 받고 대여하여 수익을 올리는 렌털형 비즈니스 모델이다. 대본소 덕분에 서민들은 저렴한 가격에 보고 싶은 책들을 마음껏 볼 수 있었고, 출판업자들은 판로가 안

정됨에 따라 안심하고 좋은 콘텐
츠를 기획하고 출시하는 데에 힘
쓸 수 있었다. 18세기 중반에 이
미 에도에만 200개가 넘는 대본
소가 성업하고 있었고, 각 대본소
는 평균 200군데 이상의 단골 거
래처를 두고 영업하였다고 한다.
책을 한번 빌리면 온 가족이 돌려

에도시대 대본업자들의 모습.

보는 것이 당시 시대상이었다고 하니 책 한 권이 출간되면 에도에서만 대
본소를 통해 최소한 10만에서 20만 명의 독자가 확보되는 것이다. 시골의
독자들은 책을 빌리기 위해 굳이 도시까지 나오지 않아도 되었다. 대본소
직원들이 책을 짊어지고 직접 시골로 찾아가 영업을 했기 때문이다.

　책이라는 것이 그 효용 소비를 위해 반드시 '소유'할 필요가 없다는 점,
고가품의 경우 개인 구매보다 전문사업자에 의한 구매를 통해 안정적 수
요를 확보할 수 있다는 점에 착안한 당시로서는 혁신적인 모델이었다. 원
시적인 형태의 공유경제 개념마저 엿볼 수 있는, 에도인들의 창의적 비즈
니스 감각이 돋보이는 사례이다. 에도나 오사카에서 베스트셀러 작가의
신간이 나오면 불과 몇 개월 사이에 일본 방방곡곡에서 독자들이 그를 읽
고 즐거워하고 슬퍼하고 대화의 화제로 삼았다. 요즘으로 치면 인기드라
마 열풍을 방불케 하는 독서 열풍이 전국을 휘감은 나라가 에도시대의 일
본이었다.

문화 융성은 시장 활성화의 이음동의어

이상 살펴본 바와 같이, 에도시대 출판문화의 특징은 진화 과정에서 '시장市場 원리'가 주효하였다는 것이다. 출판은 상업적인 자생력을 갖춘 거대한 시장을 형성하고 유통망을 구축하였으며, 이를 통해 독서는 서민의 일상에 깊숙이 침투하여 대중화·생활화되었다. 그 과정에서 현대와 유사한 출판사publisher, 저자author, 보급자distributor 사이의 기능적 '분화와 전문화'가 이루어지고 '판권'이라는 저작권과 유사한 지식재산권이나 '대본업'이라는 공유경제의 맹아가 싹튼 것은 주목할 만하다. 비단 출판업뿐아니라 사회경제 각 방면에서 유통 생태계가 구축되고 창의적 비즈니스 기법이 끊임없이 모색된 것은 에도시대를 관통하는 일본 근세의 특징이다. 이 과정에서 일본 사회가 종교·윤리의 제약에서 비교적 자유로웠고, 지배층도 반역적이거나 지나친 풍속문란이 아니면 (일부의 시기를 제외하면) 관대한 태도를 보인 것도 출판 발전에 도움이 되었다.

정보가 특권계층에 의해 독점되지 않고 대중에게 보급되는 것은 불가역적인 사회 변혁의 단초를 제공한다. 유럽의 중세를 근대로 이행시키는 기폭제가 된 것도 마르틴 루터의 성서 번역과 인쇄 보급이었다. 일반 대중이 성서를 해석할 수 있게 된 것이 지식의 해방과 근대화를 향한 '패러다임 시프트'의 기초가 된 것이다. 에도시대 일본인들은 독서를 통해 역사·문화·지리·정치이념 등에 대한 다양한 정보를 습득하고 지식을 축적하는 한편, 지적 탐구와 교양에 대한 동경심을 배양하였다. 에도시대 독서열을 통해 형성된 이러한 개방적이고 확장적인 스키마는 근대화시기 일본 사회의 패러다임 시프트를 용이하게 하는 원동력이 되었다.

제7장

교육의 힘:
번교, 데라코야, 주쿠

일본에서는 글을 읽고 쓸 줄 아는 사회구성원의 비율을 식자율識字率·literacy이라고 한다. 식자율은 한 국가 또는 사회의 지적 수준을 좌우하는 결정적 요인의 하나이다. 구성원들이 문맹에서 벗어나 문자해독력을 습득하는 것은 그 사회의 정치·경제·문화 모든 면에서 계몽, 진보를 기할 수 있는 지적 기초가 된다. 근대화시기에 각국이 문맹퇴치를 위해 국가적 기초교육 시행에 힘을 기울인 것은 이 때문이다.

에도시대 일본은 문맹률이 동시대 서유럽 국가들에 비추어도 낮은 사회였던 것으로 평가된다. 엄정히 조사하고 통계를 낸 것은 아니지만, 일본의 역사학자들은 19세기 초반 에도 인구의 70~80퍼센트가 글을 읽고 쓸 줄 알았던 것으로 추정한다. 에도에 국한된 것이라 할지라도 현대 국가에서도 유엔의 인간개발보고서Human Development Report가 문해율

70~80퍼센트를 '보통' 수준으로 분류할 정도이니 70퍼센트의 식자율은 전前근대사회로서는 대단히 높은 것이다. 일본인들 스스로가 가장 자부심을 느끼는 사안 중 하나이다.

에도시대 일본의 문해율에 대해서는 19세기 초반 일본을 방문한 서양인들의 기록에서 그 일면을 엿볼 수 있다. 1848년 일본에 입국하여 일본 최초의 원어민 영어교사로 활동한 것으로 알려진 래널드 맥도널드Ranald McDonald는 그의 『일본회상기』에서 "최상층부터 최하층까지 모든 계급의 남녀, 아이들이 종이와 붓과 먹을 휴대하고 다니며 곁에 두고 있다. 모든 사람이 읽기와 쓰기 교육을 받고 있다"고 놀라움을 표시하였다. 영국의 외교관이자 여행가·작가로 인도, 중국 등을 두루 경험한 로런스 올리펀트Laurence Oliphant는 1858년 및 1861년 두 차례에 걸쳐 일본을 방문하였을 때 일본 사회를 관찰한 후 "편지로 서로 의사를 전달하는 습관은 영국보다도 더 폭넓게 퍼져 있다. 일본인들은 우편郵便의 재미에 푹 빠져 있기라도 하듯 서로 짧은 편지를 주고받기를 좋아한다"고 기술하기도 하였다. 여기에 더하여 연간 수백 종에 이르는 신간이 서점에 쏟아져 나오고 책을 대여하는 대본소가 성업하는 한편, 수백 개의 출판사가 경쟁하고 수만 권의 판매량을 올리는 베스트셀러가 등장하는 높은 독서율과 발달된 출판문화의 사회였음은 앞장에서 소개한 바와 같다.

공교육의 핵심 번교藩校

사회 구성원들이 글을 읽고 쓸 줄 알도록 하기 위해서는 '교육'이라는 사회화 과정이 필요하다. 에도시대의 교육은 크게 보아 무가武家교육(공교육)과 서민교육(사교육)으로 나눌 수 있다. 무가교육의 핵심적인 기관은 각 번 정부가 설치한 번교藩校이다. 1669년 오카야마岡山번에 오카야마학교岡山學校가 설립된 것을 필두로 18세기 중반에 이르면 250여 개에 이르는 거의 모든 번에 자체적인 번교가 설립된다. 번교는 각 번의 무사 계급인 번사藩士 자제들을 위한 지배층의 핵심 교육기관이었다. 각 번주의 방침·지원에 따라 교육의 수준과 내용이 다양하였으며, 실질적으로 번주가 휘하의 가신과 관료들을 육성하고 통치권을 강화하는 사관학교의 기능을 담당하였다.

번사의 자제들은 대개 7~8세의 시기에 번교에 입학하여 기초적인 읽기 및 쓰기와 함께 『소학小學』, 『효경孝經』, 사서오경四書五經 등 유교 경전과 학습서를 교과서로 하여 문과文科 수업을 집중적으로 받으며, 13~14세가 되면 검술 등의 무예와 병법 등 무과武科를 교습하여 문무를 겸비한 사관士官 또는 관료로서의 소양을 배양한 후 17~19세 정도에 졸업을 한다.

번교의 가장 큰 특징은 각 번의 사정과 처지에 맞는 인재 육성 교육이 가능하였다는 것이다. 고도의 자치권을 행사하는 각 번의 입장에서 자국의 발전을 위해 필요한 지식과 전문성을 갖춘 인재상은 다양할 수밖에 없

조슈번의 번교였던 메이린칸明倫館터에 세워진 메이린 소학교. 지금의 교사校舍는 1930년대에 새로 지어진 건물이다.

다. 그러한 수요에 맞는 고등교육이 가능하였던 것이다. 이에 따라 18세기 말 이후 각 번이 처한 환경과 필요에 따라 의학, 양학 등 신학문을 교과 과정에 편입하는 번교가 늘어난다. 아울러 폭넓은 인재 발굴을 위해 무사계급이 아닌 평민의 자제들에게도 입학의 문호를 개방하는 번교가 등장한다.

이러한 번교 개혁의 대표적 사례가 사쓰마번의 조시칸造士館이다. 사쓰마번은 지정학적 요인으로 대륙 정세에 대한 정보의 입수가 빠르고 서양 세력과의 접촉이 불가피한 곳이었다. 세상이 변하고 있음을 간파한 사쓰마번은 기존의 유교와 무예 중심의 전통교육에서 탈피하여 신시대에 걸맞은 인재 육성을 위해 번교의 커리큘럼과 입학자격을 일신한다. 개혁의 물꼬를 튼 것은 11대 번주인 시마즈 나리아키라島津齊彬였다. 1857년 번 개혁의 뜻을 담은 번주의 고유告諭(관청의 고시告示)가 발표된 이래, 사쿠라지마櫻島에 서양식 선박 건조를 위한 조선소, 서양과학기술 연구를 위한 슈세이칸集成館, 중국어 연구를 위한 다쓰시칸達士館, 서양식 병기와 군학軍學 연구를 위한 가이세이쇼開成所 등이 속속 건립되었고, 이에 필요한 인재 양성을 위해 번교에 해당 교과목이 개설되고 전국에서 우수한 교수가 초빙되었다.

시쓰마번의 이러한 개혁 노력은 국내에 앉아서 정보가 들어오기를 기다리는 데 머무르지 않는다. 1865년 사쓰마번은 영국에 3명의 사절단과 15명의 유학생으로 구성된 견영사절단遣英使節団을 파견한다. 사절단은 영국, 프랑스, 프로이센, 네덜란드, 벨기에 등 구주를 순방하고 일부는 미국까지 건너가 유럽의 정세와 과학기술을 체험하며 일본의 나아갈 길에 대하여 유럽의 지도자들과 의견을 교환하였다. 알다시피 사쓰마번은 삿초동맹薩長同盟*의 일원으로 메이지 정부 수립의 주역이다. 중앙정부보다 한발 앞서 행동하고 더 많은 정보와 지식을 갖춘 지방정부가 새로운 세상의 주역이 되는 것은 어찌 보면 당연한 귀결이다. 번교는 그 과정에서 시대를 통찰하고 미래를 열어갈 인재 양성소로서의 기능을 충실히 수행하였다.

---

* 막부 타도에 앞장선 사쓰마번과 조슈번 간의 동맹.

도쿄대학으로 이어진 막부의 3대 직할 교육기관

지방정부에 의해 설립된 번교 외에 중앙정부인 막부가 설립한 일종의 국립 중앙교육기관도 에도시대 공교육의 중추를 이룬다. 1690년 5대 쇼군 도쿠가와 쓰나요시德川綱吉는 주자학을 관학으로 삼도록 하는 데에 결정적인 역할을 한 유학자 하야시 라잔林羅山이 우에노上野에 건립한 공자묘孔子廟를 간다神田의 유시마湯島로 이전시키고 강당·기숙사 등의 교육시설을 부설하여 '유시마세이도湯島聖堂'로 명명한다. 유시마세이도는 막부의 후원을 받아 막부의 가신단 자제들과 각 번으로부터 파견된 유학생이 수학修學하는 반공반사半公半私의 교육기관이었다. 이후 유시마세이도는 1797년 하야시 가문의 사숙私塾으로서의 성격을 완전히 제거하고 막부의 직할 교육기관으로 편입되면서 '쇼헤이자카 학문소昌平坂學問所'로 개칭되었다. 쇼헤이昌平란 이름은 공자의 출생지인 노魯나라의 창평향昌平鄉에서 따온 것이다. 이름의 유래에서 알 수 있듯이 쇼헤이자카 학문소는 막부 통치철학의 기반인 주자학을 연구하고 교육하는 최상위 관학기관으로 자리매김하게 된다.

막부는 유교 교육 이외의 실용 학문을 위한 연구교육기관도 별도로 설립하였다. 반쇼시라베쇼蕃書調所(또는 蛮書調所)는 1856년에 발족한 막부 직할의 양학洋學 연구기관이다. 막부 직할 개항지인 나가사키 등지로부터 서양 소식이 전해지고 난학蘭學의 중요성이 대두함에 따라 서양 학문을 전문적으로 다루는 인재를 양성하기 위하여 설립되었으며, 1863년

쇼헤이자카 학문소. 조선의 성균관에 해당하는 최고 관학 교육기관이다.

'가이세이쇼開成所'로 개칭되었다. 주요 연구 과목으로 네덜란드어를 중심으로 하는 어학, 현대의 금속공학에 해당하는 정동학精鍊學, 기계학, 물산학物産學, 수학 등이 채택되었다. 한편, 종두 예방 접종 등 서양의학의 성과와 중요성이 널리 인식되면서 1861년 서양의학 전문기관으로 막부 직할의 '의학소醫學所'가 설치되었다. 에도 중기 이후 의사들은 신지식인으로 크게 존중받았으며, 사회적 지위도 높았다. 의학을 비롯한 각종 서구의 과학문명을 통해 새로운 깨달음을 얻은 의사들은 막부에 서양의 지식과 기술을 보다 적극적으로 도입할 것을 권유하면서 일본 사회의 지적 발전에 큰 기여를 하였는데, 이들의 활약이 막부에 의한 의학소 설립으로 결실을 맺은 것이다. 막부의 실권失權에 따라 유신정부에 접수된 의학소는 1868년 의학교醫學校로 개칭되었다.

1868년 메이지유신이라는 일대 격변을 맞아 쇼헤이자카 학문소, 가이세이쇼開成所, 의학소는 유신 정부의 근대화 정책에 따라 각각 쇼헤이학교昌平學校, 도쿄가이세이학교東京開成學校, 도쿄의학교東京醫學校로 명칭을 변경하고 근대적 교육기관으로서의 변신을 모색한다. 이들 막부 직할 3대 교육기관은 1877년 일본 최초의 근대적 고등교육기관인 도쿄대학으로 통합된다.*

서민교육의 중심 '데라코야'

에도시대의 교육체계와 관련하여 눈여겨보아야 할 점은 지배층을 대상으로 하는 공교육이 아니라 오히려 서민을 대상으로 하는 사교육이다. 에도시대를 관통하는 교육의 특징은 서민도 사회의 구성원으로서 사회의 건전한 유지, 발전을 위해 익혀야 할 지식과 교양이 있다는 사회적 공감대이다. 이에 따라 일상생활에 필요한 실용교육, 직업생활에 필요한 봉공奉公교육, 공동생활에 필요한 도덕교육 등이 서민교육의 중심 내용으로 강조되었다. 신분제 테두리를 벗어나지 못하였다는 한계가 있으나, 모든 사회 구성원은 공동체 생활을 영위하기 위해 기초 교육이 필요하다는 인식이 지배적이었다는 것은 전근대사회로서는 발전된 교육관이라 할 수 있다.

---

* 쇼헤이학교는 1871년 폐지되어 조직의 직접 이관은 없었으나 역사적으로 교육이념과 전통이 도쿄대학에 의해 계승된 것으로 간주된다.

에도시대 서민교육의 중심이 되었던 사설학당 '데라코야'. 글을 읽고, 쓰고, 소로반(주판)을 할 줄 알도록
만드는 것이 교육의 핵심이다.

서민교육의 중심이 된 것은 '데라코야寺子屋'라는 사설교육기관이다.
데라코야라는 명칭은 에도시대 이전의 중세에 주로 사원寺院이 교육을
담당하였고, 그곳에서 공부하는 학생들을 '데라코寺子(절의 아이들이라는
뜻)'라고 부른 데에서 연유한다는 것이 통설이다. 에도시대 초기 교토 등
사원의 영향력이 강한 일부 지역에 개설되어 있던 데라코야는 에도 중기
이후 급속히 늘어나기 시작해 에도 말기에 이르면 에도·오사카·교토의
삼도三都는 물론 지방도시, 농어촌 등의 낙후지역에 이르기까지 전국적
으로 보급되었다. 일본의 교육학자들은 메이지유신 이후 근대식 학제 개

혁으로 소학교령이 내려졌을 때 전국적으로 취학 대상 아동들의 입학 수속이 신속하게 이루어진 것은 데라코야의 광범위한 보급에 힘입은 바가 크다고 분석한다.

데라코야 교육은 실용적이었고 수요자 중심이었다. 이러한 특성은 오히려 현대에 와서 획일화된 기초교육이 비판받으면서 그 장점이 새롭게 부각될 정도이다. 우선 데라코야의 교육 방침은 '요미·가키·소로반讀み書きそろばん'이라는 것이다. 글을 읽고, 쓰고, 소로반(주판)을 할 줄 알도록 만드는 것이 교육의 핵심이다. 그 방법론으로 채택된 것이 '데나라이手習'이다. '시쇼師匠'라 불리는 교사가 직접 손으로 쓰고 읽어주면 학생들은 종이, 붓, 벼루, 먹을 필수품으로 지참하여 교사의 지시에 따라 익숙해질 때까지 글을 쓰고 읽기를 반복하였다. 학년제, 표준 교과과정이 없기에 모든 학생은 한 교실에 앉아 수업을 받았다. 학습능력이 뛰어나고 총명한 학생들은 진도를 빨리하여 또래보다 더 수준 높은 내용을 교습받을 수 있었고, 그렇지 못한 학생들은 충분한 여유를 두고 습득 시간을 가질 수 있었다.

무엇을 읽고 쓰고 배웠는지를 보면 실용성이 더욱 두드러진다. 당시 교과서로 주로 사용된 것은 '오라이모노往來物'였다. 오라이모노는 일상생활에 존재하는 다방면의 주제에 대해 평이한 문체의 편지를 주고받는 형식으로 기술된 문집이다. 거의 모든 방면의 수천 종의 오라이모노가 교과서로 존재하여 교사들은 각 지역의 특성과 교육 수요 등에 맞추어 교과목을 선정하여 교습하였다. 일본 사회의 역사, 풍습, 제도 등 기초상식을 연

중행사 소개 형식으로 폭넓게 다룬 '데이킨오라이庭訓往來'가 기초 교과
서처럼 널리 보급되었으며, 직업 생활에 직접적으로 관련된 지리·상업·
기술·산수 관련 과목이 다양하게 교습되었다. 오라이모노를 읽고, 습자
를 하는 과정에서 학생들은 자연스럽게 평이한 문어체의 작문 능력이 향
상되었고, 이는 일상생활에서 글로 의사를 전달하고 기록을 남기는 문화
발달에 도움이 되었다.

한편 실용적 지식과 아울러 (전근대 신분제 사회의 한계가 전제되기는 하였지
만) 서민들 각자가 사회 구성원으로서 배양해야 할 심성과 덕목이 주요 교
육 목표로 강조되었다. 이를 위해 교과서 역할을 한 대표적인 존재가『지
쓰고교實語敎』와『도지쿄童子敎』라는 수신서修身書이다.『지쓰고교』는 조
선시대의『천자문』이나『동몽선습』처럼 거의 모든 데라코아에서 교본敎本
으로 채택되어 학생들에게 가르쳐졌다.『지쓰고교』에는 유불도신儒佛道神
을 망라한 일본적인 도덕관과 교훈이 담겨 있다. 이를테면, '산은 높기 때
문에 가치가 있는 것이 아니라 나무를 많이 품고 있기 때문에 가치가 있는
것이다', '사람은 부자이기 때문에 훌륭한 것이 아니라, 지혜가 있어야 비
로소 훌륭한 것이다', '노인을 자신의 부모처럼 공경하고, 아이들을 자신
의 아이처럼 사랑하는 것이 인간의 도리이다' 등등이 그 가르침의 내용인
데, 이러한 관념과 전통은 현대일본 사회에도 면면히 이어지고 있다.

신지식인의 산실 '주쿠塾'

에도시대 중기 이후 일본에는 학식과 명망이 높은 지식인들이 개인적으로 문하생을 모집하여 강학하는 '주쿠塾'가 크게 유행하였다. 주쿠는 신분, 지위에 구애받지 않고 배움을 희망하는 사람들에게 문호가 열려 있는 개방형 교육기관이었다. 주쿠의 가장 큰 특징은 무엇보다 주쿠토塾頭(주쿠의 장長)의 신념과 학식을 반영한, 틀에 박히지 않은 교육이 가능하였다는 점이다. 주쿠토가 한학에 능통한 한학자이면 번교나 막부 학문소 부럽지 않은 고급 한학 지식을 전수받을 수 있었으며, 주쿠토가 난학에 정통한 신지식인이라면 공적 교육기관에서는 접할 수 없는 천문학, 물리학, 건축학 등의 신서양학문을 공부할 수 있었다. 특히 에도 후기로 갈수록 제도권 교육의 사상적 정체로 난학, 병학兵學, 의학 등 실용학문을 전문으로 하는 주쿠가 크게 늘어났다. 주쿠의 문하생들은 기성 체제에 불만을 느끼는 하층 무사·상인·농민 출신들이 많았고, 많은 주쿠들이 배움을 통해 변화를 꿈꾸고 보다 나은 세상에 대한 포부를 키우는 청년 신지식인들의 산실이 되었다.

가장 대표적인 주쿠로는 '쇼카손주쿠松下村塾'를 들 수 있다. 조슈長州번의 작은 주쿠이나, 존황양이尊皇攘夷의 강한 신념을 가진 요시다 쇼인吉田松陰이 지도한 문하생들이 막부 타도의 선봉에 서고 메이지유신을 주도하였다. 구사카 겐즈이久坂玄瑞, 다카스기 신사쿠高杉晋作, 이토 히로부미伊藤博文, 야마가타 아리토모山縣有朋 등 역사교과서급 인물이 쇼카

손주쿠에서 수학한 동문들이다. 난학 전문 주쿠로는 오쓰키 겐타쿠大槻玄澤의 '시란도芝蘭堂'와 일본 근대의학의 아버지로 불리는 오가타 고안緒方洪庵의 '데키주쿠適塾'가 유명하다. 두 주쿠 모두 일본 근대 과학 발전에 크게 이바지한 난학자들을 다수 배출하였다. 설립이 자유로웠던 주쿠는 서양인이 세우는 경우도 있었다. 나가사키의 데지마상관에 파견 나와 있던 독일인 의사 지볼트Phillip von Siebold는 1824년 나가사키 근교에 '나루타키주쿠鳴瀧塾'를 개설하여 서양의학과 식물학 등 자연과학을 일본인 문하생들에게 가르쳤다.

주쿠의 자유로운 교육 이념과 실용적 발상은 현대에도 이어지고 있다. 데키주쿠의 문하생이었던 후쿠자와 유키치福澤諭吉는 1858년 자신의 교육 이념을 실현하기 위해 게이오기주쿠慶應義塾를 설립하였다. 게이오기주쿠는 메이지유신 이후 교육체제 개편 과정에서 근대 대학교로 변신하여 일본 최고의 명문 사학 중 하나인 게이오기주쿠대학이 되었다. 일본 유수의 의학 연구교육기관인 준텐도順天堂 의과대학은 1838년 에도에 설립된 난방의학 전문 '와다주쿠和田塾'를 모태로 하고 있다. 한국에서도 유명한 마쓰시타 사의 창립자 마쓰시타 고노스케松下幸之助가 참된 엘리트 교육을 모토로 1979년 설립한 마쓰시타세이케이주쿠松下政經塾도 에도시대 주쿠 설립 전통을 물려받은 것이라 할 수 있다.

주쿠와 데라코야는 두 가지 측면에서 사회 변동의 원동력을 제공하였다. 첫째, 주쿠와 데라코야는 신분에 구애받지 않고 교육을 받을 수 있었다. 권위에 의존하는 소수 공교육 체제에서 벗어나 널리 일반 계층에도 지식이 전수되고 확산될 수 있었던 것은 전근대 신분제 체제하에서는 드문 사례이다. 둘째, 주쿠와 데라코야는 일종의 민간교육 시장을 형성하였다. 주쿠의 존립은 설립자 및 교육자들의 학식과 평판에 달려 있었다. 교육의 내용이 유익하고 질이 높을수록 더 많은 문하생을 모집할 수 있었고, 그렇지 못하면 도태를 감수해야 했다. 이는 바꿔 말하면 능력 있는 전문 지식인은 지식의 창출과 전수 활동만으로도 시장 원리에 의해 소득을 얻고 생계를 유지할 수 있었다는 것을 의미한다. 교육을 통한 지식의 세대 간 전수가 권위나 신분에 얽매이지 않고 상업적 활력과 자율성을 바탕으로 영위되는 '지식시장'의 출현은 근대화의 전초前哨로서 일본 사회에 계몽啓蒙·enlightenment의 수용성을 높이는 정신적 토대가 되었다고 할 수 있다.

제8장

뉴스와 광고 전단의 원형: '요미우리'와 '히키후다'

출판·인쇄 문화가 발달하고 문해율文解率이 높아지면 가장 왕성하게 소비되는 읽을거리는 무엇일까? 현대인의 경우는 신문일 것이다. 단행본 책이야 한 달에 한 권 읽을까 말까이지만, 신문은 하루라도 빠짐없이 보는 사람들이 상당히 많다. 요즘이야 인터넷이 발달해서 종이신문이 많이 줄기는 했지만, 그래도 가장 흔하게 접하는 인쇄물은 역시 신문이다.

신문은 활자화된 정보전달 매체의 총아로서 근대화의 상징과 같은 존재이다. 인터넷이 발달하기 전까지 신문의 정보전달 매체로서의 영향력은 어마어마했다. 일본은 국민의 종이신문 사랑이 유별난 신문대국으로 알려져 있다. 2011년 세계신문발행부수 조사에 의하면 상위 10위권에 일본 신문사가 5개나 포진해 있다. 1위 『요미우리신문』(1000만 부), 2위 『아사히신문』(750만 부), 4위 『마이니치신문』(350만 부), 6위 『니혼게이자이신문』(300만 부), 9위 『주니치신문』(280만 부) 등이다.

에도시대의 신문, '요미우리'

단일 신문으로는 세계 최고의 발행부수를 자랑하는 요미우리신문사의 사
명社名인 '요미우리讀賣'의 유래는 에도시대로 거슬러 올라간다. 일본에
는 17세기 초반부터 화재나 자연재해, 치정사건 등 오늘날 사회면 뉴스
에 해당하는 소식을 낱장 또는 몇 장의 지면에 담아 거리에서 파는 일종
의 소식지가 있었는데 이를 '요미우리'라고 불렀다. '독매讀賣'라는 한자
에서 알 수 있듯이 판매자가 큰소리로 내용을 읽으면서 가두판매를 한 것
에서 유래했다. 요미우리는 '가와라반瓦版'이라고도 한다. 기왓장〔瓦〕같
이 생긴 점토판에 판각하여 인쇄하였다 하여 가와라반이라 불렀다는 설
이 있으나, 실제 현존하는 요미우리는 거의 목판으로 인쇄된 것이어서 가
와라반이라는 명칭의 유래에 대해서는 의견이 분분하다.

현재 기록에 남아 있는 가장 오래된 요미우리는 1615년 에도 막부의
도쿠가와 진영과 도요토미 진영이 최후의 결전을 벌이는 '오사카 여름의
진大阪夏の陣'의 모습을 담은 〈대판안부지합전지도大阪安部之合戰之圖〉
로 알려져 있다. 천하통일의 대단원을 향해 벌어지는 두 진영 간의 전쟁
은 당대 최고의 관심사일 수밖에 없다.

요미우리는 이렇듯 세상 돌아가는 일, 대중의 관심사에 관한 정보를 빠
르게 전할 목적으로 유통된 상업 인쇄물이다. 내용과 형식 면에서는 현대

현존하는 가장 오래된 요미우리로 알려진 〈대판안부지합전지도〉.

의 신문과 많은 차이가 있지만, 독자의 세상 돌아가는 소식을 알고자 하는 수요에 대응하여 화젯거리, 즉 뉴스를 공급한다는 측면에서 보도 기능을 수행하는 언론매체의 원형으로서 평가할 수 있다는 것이 일본의 역사학자나 언론학자들의 주장이다.

에도시대의 서민생활을 담은 풍속집 등에는 에도 중기(18세기 중반) 이후에 접어들면서 요미우리가 서민들이 일상적으로 소비하는 필수품이 될 정도로 활발히 제작되고 판매되었다는 기록들이 있다. 다만 일회성 소비를 목적으로 비공식적인 언더그라운드 인쇄물로 출간되는 속성상 그 실체와 전모에 대해서는 실증적 자료와 연구가 미흡한 측면이 있다. 특히 다수의 사료史料가 현존함에도 사료만으로는 작성 주체나 경위 등을 알 수 없는 경우가 많아 연구를 어렵게 하는 요인이 되고 있다.

요미우리를 간행하는 업자를 '요미우리야讀賣屋' 또는 '가와라반야瓦版屋'라고 한다. 대개 대중오락물을 출간하는 소시야双紙屋 계통의 출판업자들이 관여하였으나, 인쇄 작업은 소시야와 제휴하되 요미우리에 전념하는 전문업자도 있었다고 한다. 요미우리의 주요 소재는 대화재나 지진, 홍수 등의 자연재해, 살인사건이나 치정사건 또는 기담괴담奇談怪談 등 저잣거리의 대중적 화제가 될 만한 일들이었다. 그러한 뉴스거리가 있을 때마다 부정기적으로 제작되고 통속적 흥미 본위의 내용을 주요 소재로 다루었기 때문에 신문과 타블로이드판의 중간 정도의 성격이라고 할 수 있다.

제작 과정은 현대의 신문 제작 과정과 크게 다르지 않다. 뉴스의 가치

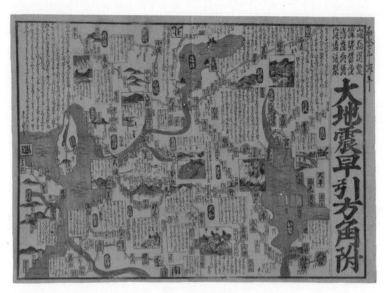

1854년 미에三重현 일대에서 발생한 내륙형 지진의 소식을 전하는 가와라반.

가 있다고 판단되는 일이 발생하면 신속한 이동이 가능한 취재원이 현장에 파견되어 동향을 파악하고, 현장에서의 취재를 바탕으로 필력이 좋은 본사의 기자(물론 당시에는 '기자'라는 말은 없었다)가 기사를 작성해서 원고를 인쇄소로 넘기면, 인쇄업자가 재빨리 목판을 제작·인쇄하고, 이를 전문 판매원들이 가두판매에 나서 유통시키는 것이 일반적 형태였다. 속보성이 중시되는 인쇄물이었기에 전문 우키요에나 단행본에 비해 판각의 치밀함이나 섬세함은 덜했으나, 필사본이 아닌 목판 인쇄를 하였기에 한 번에 수백 장씩 인쇄하여 시장에 유통시키는 것이 가능했다.

요미우리는 막부로부터 공인받은 인쇄물이 아니었고, 따라서 원칙적으로는 단속의 대상이었다. 이러한 단속을 피하기 위해 요미우리 판매상들은 2인 1조로 꾸려 한 명이 큰소리로 기사 내용을 읽으면서 호객을 하고, 다른 한 명은 관원들이 오는지 감시하면서 판매를 하는 것이 일반적이었다고 한다. 간행업자들 스스로 정치적인 소재를 다루기를 꺼려 단속이 그리 심하지는 않았고, 단속도 지나치게 선정적이거나 자극적인 치정살인 등의 내용 등을 걸러내는 수준이었다고 한다. 도쿠가와 막부 말기에 들어서 서양의 흑선黑船 내항 등으로 일대 정치적 격변 상황이 발생하자 요미우리의 콘텐츠도 현실을 반영하여 변화한다. 막부의 통제력 약화와 맞물려 국내외 정세를 소개하고 심지어 정치적 주장까지 담은 요미우리가 시중에 유통되기 시작하였고, 이 시기의 요미우리는 근대적 신문으로 대체되기 전까지 정치 관련 뉴스와 오피니언의 시중 전달 통로로서 중요한 역할을 수행한다.

19세기 중반 메이지시대에 들어서면서 우키요에 판화의 최후 형태인 '니시키에錦畵' 인쇄술을 도입하여 더욱 정교해지고 화려한 색채를 자랑하는 '니시키에 신문'이 등장한다. 니시키에 신문은 19세기 말 서양식 윤전기를 사용하는 근대적 신문의 도입으로 오랫동안 지속되지는 못하였지만, 정식 등록된 언론사가 간행한 신문으로서 비주얼 그래픽을 강조한 독특한 구성 등은 훗날 텍스트보다 시각적 자료가 강조되는 사진 주간지와 같은 장르의 원형으로 평가받고 있다.

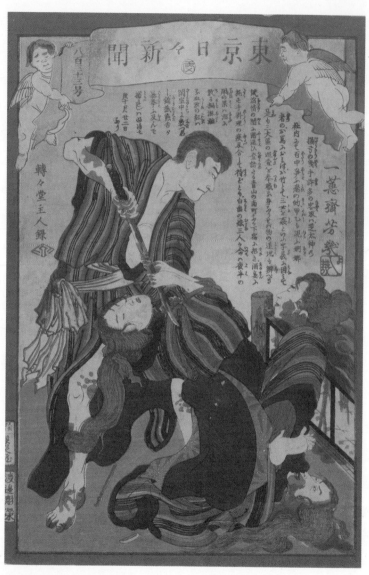

치정 살인사건을 다룬 1875년의 『도쿄일일신문』 기사. 니시키에 인쇄술을 사용하여 더욱 정교하고 화려한 색채를 자랑했다.

광고지의 효시 '히키후다'

신문이 대중의 뉴스 수요에 대응하여 고안된 인쇄물이라면, 광고는 정보를 대중에게 전파하고자 하는 수요에 대응하여 고안된 인쇄물이라고 할 수 있다. 속칭 '지라시'라고 불리는 광고 전단은 현대인들도 일상적으로 접하는 매우 친숙한 인쇄물이다.

에도시대의 인쇄물 유통 발달은 상업자본의 발달과 맞물려 광고지라는 새로운 종류의 인쇄물을 탄생시키는데, 에도시대에 유통된 상업 목적의 광고지를 '히키후다引き札'라고 한다. 보통은 상점이 발행하였지만, 가부키 극장이나 신사神社, 사찰 등에서 행사 소개나 관객 안내를 위해 발행하는 (일종의 팸플릿 같은) 인쇄물도 히키후다라고 한다.

히키후다는 개업, 이전 등 업체를 소개하는 단순한 내용을 전하는 경우가 많았지만, 개중에는 단순한 소개가 아니라 판촉 마케팅과 불가분의 관계를 이루는 기업 전략의 산물인 경우도 있었다. 이러한 히키후다의 시초로 알려진 것이 1683년 에치고야越後屋(미쓰코시 백화점의 전신)라는 포목점이 발행한 히키후다이다. 당시 포목점들은 다이묘나 유력 무가武家 등 큰손 고객이 1년에 한두 차례 대규모로 옷감을 구입해가면서 대금을 외상으로 지불하고 가격도 후려치는 것이 일반적이었다. 에치고야는 수요자군群이 한정되고 현금 융통에 제약이 가해지는 이러한 현실을 타개하기 위해 '현금거래 시 할인, 정가 판매, 작은 단위로도 옷감 판매'라는 판매 전략을 수립하고 그러한 내용을 담은 히키후다를 제작하여 시중에 배

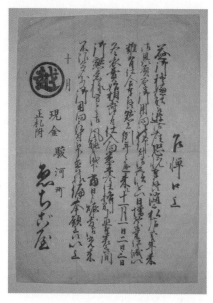

광고지의 효시로 알려진 에치고야의 히키후다.

포하였다. 이러한 전략이 적중하여 에치고야가 일약 최고의 매출을 올리는 포목업의 기린아가 되자, 매출 증대를 위한 전략을 고안하고 히키후다를 발행하여 광고 활동에 나서는 상점들이 뒤를 이었다. 일정 금액 이상을 구입하면 술 등의 경품을 지급한다거나, 대용량 덕용 상품을 구비한다거나 하는 새로운 판촉 기법이 활발히 고안되고 히키후다를 통해 선전되었다.

히키후다는 소비자의 구매욕을 자극하는 것이 중요하였기 때문에 도안圖案, 구성 등의 디자인적 요소와 문안文案 등 카피 라이팅에 공을 들였다. 개중에는 예술성 높은 히키후다도 꽤 있어 컬렉션의 대상이 되기도 한다. 그에 더하여 소비자의 관심을 끌기 위해 당대 유명 작가 등을 고용하여 제작하는 경우도 있었다. '에도시대의 천재', '일본의 레오나르도 다빈치'라는 별명으로 알려진 괴짜 발명가이자 작가인 히라가 겐나이平賀源內는 당시 에도 장안에서 모르는 사람이 없는 유명인사였는데, 그가 지인의 부탁으로 써준 '소세키코嗽石香'라는 치약 상품의 광고문은 장안의 화제가 되어 거리의 아이들이 광고문을 가사로 한 노래를 부르고 다녔다는 일화가 있을 정도이다. 유명 연예인이 CF에 출연하거나 대중이 CM송을 흥얼대는 현대의 광고 기법이 연상되는 일화이다.

앞서 소개한 니시키에 신문의 개척자인 『도쿄일일신문』은 기사가 실린 본지本紙 외에 광고주의 의뢰를 받아 히키후다를 부록으로 곁들여 배포하였다. 신문업자는 광고주로부터 수익을 얻고 광고주는 신문업자를 통해 보다 광범위한 광고 효과를 노릴 수 있는 상부상조의 비즈니스 모델이 탄생한 것이다. 이러한 양자 간의 협업은 신문(또는 잡지)의 정보 전달력에 기초하여 신문의 불가결한 요소로 광고 게재가 자리 잡는 신문·광고지 통합으로 이어지는 한편, 배포 단계에서 광고지를 끼워넣는 방식으로도 진화하여 현대에 이르고 있다.

한국의 역사학자들은 조선시대의 '조보朝報'라는 승정원 발행의 문서를 조선시대의 신문으로 평가한다. '조보'는 매일 아침 그 전날 조정에서 결정된 사항이나 제례祭禮와 관련된 사항 등을 승정원이 정리하여 발간하면 그를 필사하여 지방의 관아나 주요 사대부가에 배포하는 일종의 관보官報라고 한다. 문文을 숭상하고 인쇄술이 발달된 조선에서 조정의 소식을 문서로서 신속하게 유통하는 제도가 있었던 것은 어찌 보면 당연하고 또 평가할 만한 일이다.

　다만, 일본의 '요미우리'를 '조보'와 비교할 때, 양자 간에는 정보 유통의 주체 및 메커니즘 측면에서 차이점이 두드러진다. 정부 간행물인 '조보'와 달리 '요미우리'는 철저한 민간 주도의 정보 유통 매체이다. 비록 다루는 내용에 제약은 있었지만 민간 주도의 정보 유통이 가능했다는 것은 사회 발전 단계에 있어 큰 의미를 지닌다. 정보 통제 속성의 억압적 체제 하에서도 정보 유통 서비스 시장이 자생적으로 형성되고 상업적 활력을 갖고 성장·발전한 것은 전前근대사회로서는 매우 이례적인 현상이었다.

제9장

과학적 사고의
문을 연 『해체신서』

근대성을 구성하는 합리성은 관찰·가설·검증이라는 과학적 사유 과정을 근간으로 한다. 합리성은 과학적 방법론으로서 '분석分析'을 중시한다. 분석을 의미하는 'analysis'는 어원적으로 '잘게 쪼개는 것breaking down' 에서 연유하였다. 분석은 대상을 양파 까듯 계속 쪼개고 나누어 더 작은 요소element로 쪼갤 수 없을 때까지 쪼갬으로써 대상의 본질에 대한 이해를 높일 수 있다는 발상이다. 현대 과학문명은 분석을 기초로 하는 귀납적 사유의 산물이다.

인체의 질병 규명과 치료를 목적으로 하는 지식체계인 의학은 15세기 이후 서구에서 생로병사 현상을 분석적으로 접근함으로써 비약적으로 발전하기 시작한다. 이 시기의 서양의학은 눈에 보이지 않는 인체의 내부구조를 파악하고, 각 기관의 기능, 역할, 상호관계를 실증적으로 규명하기 위한 인체 탐구의 단초로 '해부anatomy'를 중시하였다. 동양의학은 서양 의학과 달리 해부를 경원시한다. 히포크라테스가 해부학의 시조로 불릴 정도로 '의학=해부학'의 전통을 가지고 있는 서양의학과 달리 중국을 중심으로 하는 동양의학은 기氣, 정精, 신神의 수양(보양)을 중시하며, 몸의 부분이 아니라 전체로서의 조화를 중시하고 생명작용에 철학적 의미를 부여하기 때문에 해부를 의도적으로 회피하였다. 전통 동양윤리의 관점에서 사체에 손을 대는 것은 불경不敬이었고, 음양오행설에 바탕을 둔 생명론의 관점에서 사자死者의 골격과 장기로부터 생로병사의 단서를 찾을 수도 없었다.

일본 지식계를 강타한 서양 해부학

일본도 예외는 아니었다. 장례葬禮의 역役을 부여받은 일부 하급 신분을 제외하고는 의사라 할지라도 망자의 몸에 손을 대는 것은 터부시되었다. 18세기 들어 일본에 서양의 의학서가 전래되자 일본 지식인 사회는 큰 충격에 빠진다. 데지마상관에 체류하는 네덜란드 의사 등이 가져온 근대 의학서, 특히 해부학 서적은 놀라움 그 자체였다. 당시 서양의 서적들은 금서禁書로서 막부의 허가 없이는 유통이 제한되었지만, 실제 의술을 담당하던 의사들은 궁금증을 참을 수 없었다. 인체를 이토록 자세하고 정밀하게 뜯어볼 생각을 하다니……. 처음 접하는 인체에 대한 분석적 접근을 앞에 두고 일본 의사들의 직업의식이 꿈틀거린다.

1754년 고방파古方派(이론보다 실천을 중시하는 한방의학) 의학자인 야마와키 도요山脇東洋가 사형수의 시체 해부에 입회한 후 1759년 관찰 내용을 기록한 『장지藏志』라는 해부 도감을 출간한다. 일본 최초의 해부 실험이라고 일컬어지기도 하나, 서양 해부학에 대한 이해 없이 그저 인체 내부의 외관을 묘사한 수준으로 진정한 의미의 해부도해解剖圖解와는 거리가 있었다.

그로부터 얼마 후 전기가 찾아온다. 1771년 봄 난방의학(네덜란드 의학)에 관심이 많은 의사인 나카가와 준안中川淳庵은 데지마상관장이 에도 참부 시 숙박하는 거처인 나가사키야長崎屋를 방문한 차에 『타펠 아나토미아』*를 비롯한 서양 해부학 서적을 접한다. 『타펠 아나토미아』의 정교한 인체 내부 묘사에 감탄한 준안은 동향의 의사인 스기타 겐파쿠杉田玄白에게 동 서적들을 소개하고 구매를 권유한다. 매사 의욕이 넘치던 활동가 겐파쿠의 자금 마련으로 책을 입수한 두 사람은 『타펠 아나토미아』를 탐독하면서 자신들의 무지無知를 깨닫고 강렬한 지적 탐구욕을 느낀다. 같은 해 3월 사형수의 해부를 참관하기 위해 죄수 처형장을 방문한 겐파쿠와 준안을 오이타大分 출신 의사인 마에노 료타쿠前野良澤가 동행한다. 료타쿠 역시 별도의 루트를 통해 『타펠 아나토미아』를 소유하고 있었다. 의사였지만 이들도 인체 내부를 직접 들여다보는 것은 처음이었다. 3인의 의사는 해부를 참관하면서 『타펠 아나토미아』에 묘사된 인체가 실

---

* 『타펠 아나토미아』는 독일 의사 쿨무스가 저술한 *Anatomische Tabellen*이라는 해부도보의 네덜란드어판인 *Ontleedkundige Tafelen*의 일본어 통칭이다.

제의 인체와 정확히 일치하는 데에 놀라움을 금치 못한다. 서양 해부학이 제시하는 새로운 가능성에 눈을 뜬 3인은 그 자리에서 『타펠 아나토미아』를 일본어로 번역하기로 의기투합한다.

일본 최초의 본격 번역서 『해체신서』

번역을 목표로 삼기는 했으나, 변변한 네덜란드어 사전 하나 없이 의학서를 번역한다는 것은 불가능에 가까운 일이었다. 마에노 료타쿠가 약간의 네덜란드어 지식이 있었으나, 인사말을 나누는 정도의 초급 수준이었다. 이후 번역 과정은 한 편의 장대한 '맨땅 헤딩' 스토리였다. 암호해독과 다를 바 없는 수많은 경우의 수를 극복하는 방법이 고안된다.

대략적인 방법은 이렇다. 우선 기존 지식으로 뜻을 파악할 수 있는 단어를 찾아 표시해둔다 → 의미가 확정된 단어로부터 전후 단어의 의미를 유추한다 → 모르는 단어는 일단 건너 뛰어 리스트를 만들어두었다가 그림 또는 여타 문장에서 힌트를 얻어 가능성을 좁혀나간다 → 한 문장에서 의미가 확정된 단어가 일정 수준 이상 확보되면 문장 전체의 뜻을 추측하여 그로부터 각 단어의 의미를 추정하고, 그 의미를 다른 문장에 사용된 같은 단어에 대입해서 말이 통하는지를 확인해서 의미를 잠정적으로 확정한다 → 의미가 확정되면 다시 그로부터 전후 단어의 의미를 유추한다. 이러한 과정의 계속적인 반복이다.

겐파쿠 자신이 "키〔舵〕도 돛도 없이 망망대해를 항해하는 듯하다"고 표

현한 어려움 속에서 수수께끼 풀
듯, 퍼즐 맞추듯 번역이 진행되
었다. 기의記意·signified를 알아
도 그에 해당하는 일본어 기표記
表·signifier가 없는 경우도 많았다.
그런 경우에는 아예 새로운 단어
를 창조해야만 했다. 신경神經, 연
골軟骨, 동맥動脈 등 기존 동양의
학의 관념에는 없던 인체의 부위
와 기관에 새로운 일본식 이름이
부여되었다.

『해체신서』 번역의 주역 스기타 겐파쿠.

　참여자들이 식음을 전폐하다시피 번역에 매달린 지 3년 후인 1774년
『타펠 아나토미아』의 번역본인 『해체신서解體新書』가 출간된다. 가장 많
은 공헌을 한 것으로 알려진 료타쿠가 번역이 충분하지 못함에 부담감을
느껴 극구 작자 명단에 자신의 이름이 오르는 것을 사양했다고 할 정도
로 번역 자체의 수준은 높지 않다. 그러나 번역의 수준을 떠나 『해체신서』
의 출간은 일본의 지식사知識史에 있어 분기점을 찍는 획기적 사건이었
다. 『해체신서』는 서양 언어로 된 서적을 일본어로 옮긴 최초의 본격 번역
서이다. 더구나 그 내용은 기존의 관념으로는 용납되지 않는 터부의 영역
이었다. 『해체신서』는 일본인들이 서구의 관념을 자신들의 관념으로 변
환하는 '번역'이라는 언어적 통로를 만들기 시작하는 출발점이자, 기존의

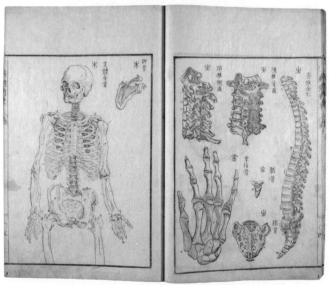

상: 『해체신서』의 해부도 속표지, 하: 『중정重訂해체신서』(1820년)의 인체 골격도.

윤리·규범에 가로막혀 있던 금단禁斷의 문턱을 넘어 세계관의 전환을 기하는 계기로서의 의미를 지닌다.

시대를 뛰어넘는 책이 나오게 된 데에는 운도 뒤따랐다. 『해체신서』는 도감圖鑑인 만큼 그림의 수준이 중요하다. 『해체신서』의 삽화를 그린 사람은 오다노 나오타케小田野直武이다. 앞서 잠시 등장한, 에도시대의 다빈치라 불리는 히라가 겐나이는 나가사키 유학 시절 서양인들의 그림을 어깨 너머로 배워 서양의 화법을 익힌 후, 일본 최초의 서양화를 그린 사람으로도 알려져 있다. 겐나이는 한때 아키타秋田 번주의 요청으로 서양화를 가르친 적이 있는데, 그때 아키타 번사 중에 그림 실력이 뛰어났던 나오타케가 겐나이로부터 서양의 원근법, 음영법 등의 화법을 전수받았다. 겐파쿠가 평소 친하게 지내던 겐나이에게 『해체신서』의 삽화 모사를 부탁하자 겐나이는 나오타케를 겐파쿠에게 소개하였고, 겐파쿠의 의뢰를 받은 나오타케는 당시로서는 놀라울 정도로 원본을 정밀하게 모사하여 『해체신서』의 완성도를 높였다.

하나오카 세이슈의 세계 최초 전신마취 외과수술

일본의 의학은 『해체신서』 이전의 의학과 이후의 의학으로 나뉜다고 할 정도로 『해체신서』가 일본 의학에 미친 임팩트는 컸다. 『해체신서』는 의학이 책상머리 고담준론에서 벗어나 실증과 실용의 과학으로 발전할 수 있는 길을 열어주었다. 『해체신서』를 통해 새로운 세계관에 노출된 일본

의학계에는 특유의 탐구정신과 성실함으로 서구를 포함한 당시 시대를 앞서는 업적을 남긴 인물들이 속속 등장한다. 가장 대표적인 예가 하나오카 세이슈華岡靑洲의 전신마취 외과수술이다. 서양 의학계에는 1846년 미국 하버드대의 존 워렌John Warren이 에테르를 사용하여 집도한 환자의 목 혹 제거 수술이 세계 최초의 전신마취 수술로 알려져 있다. 하지만 일본 의학계는 세계 최초의 전신마취 수술은 1804년 일본인 의사 하나오카 세이슈가 집도한 유방암 수술이었다고 주장한다.

세이슈는 동양의학과 난방의학을 두루 섭렵하며 절개, 절제, 봉합, 소독 등 외과술을 집중적으로 연마한 의사였다. 세이슈는 외과적 치료를 요하는 상황에서 환자의 고통이 너무 커서 제대로 치료를 할 수 없는 상황에 자주 처하자 환자의 고통을 경감할 수 있는 마취제 개발에 진력한다. 모친과 아내를 실험 대상으로 삼았다가 모친이 사망하고 아내가 실명하였다는 일화가 있을 정도로 집념 어린 노력 끝에 '통선산通仙散'이라 불리는 마취제를 개발한 세이슈는 1804년 당시 60세 여성 환자의 말기 유방암 절제切除 수술을 집도한다. 환자는 수술 4개월 만에 사망하였으나, 수술 후 20일 만에 기력을 회복하여 수백 리 떨어진 귀향길에 오를 정도로 상태가 호전되는 등 수술 자체는 성공적이었다고 한다. 일본 의학계는 세이슈의 제자가 남긴 제법製法 기록에 근거해 분석한 결과 통선산의 마취 효과에 대한 과학적 근거가 있다고 주장한다. 또한 수술에 대한 기록이 명시적으로 남아 있어 서양 의학계에서도 세이슈가 세계 최초로 전신마취 수술을 했다는 일본 의학계의 주장을 긍정하는 움직임도 있다고 한다.

하나오카 세이슈의 유방암 절제 수술 장면.

참고로 세이슈의 통선산 제조에 주약재로 쓰인 식물은 '조센아사가오 朝鮮朝顔'라는 이름의 마취 성분이 강한 약초이다. '조선의 아침 얼굴'이 라는 뜻으로 '조선나팔꽃'이라고도 한다. 일본에 없던 외래식물로 17세기 말 조선을 경유하여 전래되면서 붙여진 이름이다. 조센아사가오의 꽃잎 은 현재 일본마취학회의 로고이기도 하다.

호시노, 인체 골격 제작에 나서다

『해체신서』에 만족하지 못하고 그 이상以上을 추구한 의사도 있다. 해부 학에 기초한 의학교육에는 인체 골격 모형이 매우 유용하지만, 당시에는 의사라 할지라도 실물 인골人骨을 소지하는 것이 금지되어 있었다.

히로시마의 의사 호시노 료에쓰星野良悅는 솜씨 좋은 의사로 평판이 높았지만 숙모의 하악下顎 관절 탈골을 제대로 치료하지 못하는 낭패를 겪는다. 호시노 료에쓰는 그 경험을 바탕으로 의사의 본분을 다하기 위해서는 인체 구조에 대한 이해를 높이는 것이 무엇보다 중요함을 절감하고 정부의 특별 허가를 얻어 사형수를 직접 해부하고 그 결과를 바탕으로 인체 골격 모델 제작에 나선다. 1792년 솜씨 좋은 목공의 도움을 얻어 300여 일의 제작 기간을 거친 끝에 인체 목골木骨이 완성된다. 일본 의학계가 세계 최초의 인체 골격 모형이라고 주장하는 '호시노 목골'의 탄생이다. 혈관이 통하는 뼈의 구멍까지 구현될 정도로 실물에 가깝게 세밀하고 정교하게 제작된 호시노의 목제 골격 모형은 후에 막부에 헌상되면서 에도로 옮겨져 의학 전공자들의 연구 및 교육에 활용되었다. 이후 호시노의 제자인 가가미 분켄各務文獻이 제작한 '가가미 목골'(1810), 가가미의 제자인 오쿠다 마쓰리奧田万里가 제작한 '오쿠다 목골'(1819) 등의 등신대형 인체 골격 모형이 차례차례 제작되어 에도시대 실증 의학의 발전에 크게 기여하였다.

비슷한 시기 조선의 사정은 어땠을까? 1764년 조선통신사의 수행원으로 선발되어 일본을 찾은 조선 의사 남두민은 기타야마 쇼北山彰라는 일본 의사가 『장지藏志』 해부 실험에 대해 설명하자, "갈라서 아는 것은 어리석은 사람들이 하는 짓이고, 가르지 않고도 아는 것은 성인聖人만이 할 수 있으니 미혹되지 말라"고 꾸짖었다고 한다. 100여 년 뒤인 1881년 신

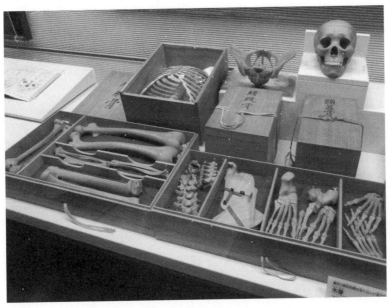

오쿠다 마쓰리가 제작한 오쿠다 목골(1819년). 국립과학박물관 전시.

사유람단으로 일본 병원을 견학한 조선의 신진관료 송헌빈은 그곳에서 해부도와 해부용 인형 등을 보고는 "정말로 끔찍하기 짝이 없다. 이는 인술仁術을 하는 자가 할 짓이 아니다. 고약하고 고약하다"고 적었다고 한다. 『타펠 아나토미아』가 조선에 먼저 전래되고 조선의 지식인이 새로운 세계관에 노출되었다 할지라도 조선이 과학적 합리성에 눈 뜨고 스스로 변했을 가능성이 높지 않아 보이는 이유이다.

제10장

시대를 앞서간 지도
이노즈伊能圖

예로부터 지도는 권력의 상징, 부의 원천, 문명의 척도였다. 서구는 'car-tographer(지도제작자)'라는 단어가 별도로 존재할 정도로 지도 제작에 의미를 부여한 문명이었다. 대항해시대 탐험대의 가장 중요한 목표는 새로운 루트를 발견하고 그 정보를 그래픽으로 기록하는 것이었다. 발견의 시대age of discovery 또는 탐험의 시대age of exploration로 일컬어지는 15~17세기, 서구 문명의 지도는 비약적으로 발전한다. 나침반, 망원경, 육분의六分儀·sextant의 등장으로 관념과 추정을 배제한 실측에 의한 정교한 작도가 가능해졌고, 지동설에 기반한 지구地球 개념 확립으로 경도·위도의 좌표 시스템과 삼차원 정보를 이차원 평면에 옮기는 투영법投影法이 발전하였다. 이는 지구의 지리공간 정보를 입체적으로 이해하는 발상의 전환을 의미한다. 지도가 정교해질수록 서구 문명은 세계로 뻗어나갔고, 세계로 뻗어나갈수록 서구 문명의 지도는 더욱 정교해졌다. 근대 지도의 발전은 서구 문명의 전 세계적 확산의 원동력인 동시에 결과물이다.

지도는 천문, 지리를 포괄하는 과학적 사고의 집약체이다. 어떠한 나라의 각 시대별 지도를 살펴보면 그 나라의 과학기술 수준을 가늠할 수 있다. 조선시대 가장 유명한 지도는 단연 김정호의 〈대동여지도〉이다. 19세기 말에 근대 작도법이 아닌 자체 방식으로 상당한 수준의 지도를 제작할 수 있었다는 것은 (유럽 문명을 제외하면) 조선의 과학기술 수준이 당시 세계적 수준에 비추어 보아 손색이 없었음을 시사하는 사례라 할 수 있다.

조선에 〈대동여지도〉가 있다면, 에도시대의 일본에는 〈이노즈伊能圖〉가 있다. 〈이노즈〉란 에도 후기 측량가인 이노 다다타카伊能忠敬가 제작한 일본 최초의 실측 지도이다. 정식 명칭은 〈대일본연해여지전도大日本沿海輿地全圖〉이다.

은퇴 후 시작한 천문학 공부

제작자인 이노는 본래 지도와는 아무 관련이 없는 상인이었다. 1745년 출생 당시 본래 이름은 진보 산지로神保三治郎였다. 양친의 사망으로 17세 때인 1762년 작은 양조장을 운영하는 이노伊能 집안에 서양자婿養子로 입적되어 이노라는 성을 얻는다. 이노는 영민하고 수완이 좋은 사업가였다. 망해가는 조그만 양조장을 궤도에 올려놓고 땔감(장작) 도매상, 미곡 중개상 등 사업 영역을 확장하여 거부巨富를 쌓는다.

이노는 50세가 되는 해에 장남에게 사업을 물려주고 은퇴한다. 은퇴 후 제2의 인생을 시작한 그는 평소에 관심이 있던 천문학을 본격적으로 공부하기 위해 에도로 거처를 옮긴다. 에도로 간 그는 당시 천문학의 1인자이자 천문방天文方(막부의 공기관으로 천문관측 및 역曆제작을 담당)을 맡고 있던 다카하시 요시토키高橋至時의 문하생이 된다. 30대 초반의 다카하시는 50대 이노의 청을 듣고 노인의 도락道樂 정도로 여겼다. 그러나 입문 후 밤낮을 가리지 않고 형설지공으로 천문학을 공부하는 이노에게 크게 감복한 다카하시는 이노를 '스이호센세이推步先生(스이호推步는 별의 움직임을 관측한다는 말)'라 부르며 연령을 초월한 돈독한 사제관계를 맺는다. 천문학에 심취한 이노는 거액을 들여 관측도구를 구입, 에도의 자택을 아예 천문관측소로 개조하였다. 그의 천문관측은 취미 생활을 넘어 전문가의 경지에 이르렀으며, 일본 최초로 금성이 일본의 자오선子午線(북극과 남극을 지나는 가상의 선)을 통과하는 것을 관측하여 기록하는 개가를 올리기도 했다.

측량 마니아 이노, 걸어서 에조치까지

당시 천문방은 기존의 역曆을 개정하는 업무를 맡고 있었다. 책임자인 다카하시는 새로운 역인 '간세이레키寬政曆'를 완성하였으나 스스로 불만이 있었다. 당시 지식으로는 지구의 크기를 정확히 알지 못한 채 역을 계산하여야 했기 때문이다. 당시 일본의 과학자들은 네덜란드로부터의 전

이노 다다타카의 동상. 이노가 측량 여행에 나설 때 참배하던 도미오카하치만구富岡八幡宮 신사 경내에 측량 개시 200주년을 기념해 설립된 것이다.

래를 통해 지구가 둥글다는 것은 이해하고 있었으나 자오선 1도의 거리를 확정하지 못하고 의견이 분분한 상황이었다. 보다 정확한 역 제작을 위해서는 지구의 크기를 정확히 알 필요가 있다는 문제의식이 천문연구자들 사이에 공유되고 있었다.

이노는 이 문제에 대한 해법을 제시한다. 평소 천문관측이 제일 관심사이자 취미였던 이노는 거리를 알고 싶다면 측량을 하면 된다고 생각했다. "지구상 두 지점에서 하늘을 올려다보았을 때 북극성이 관찰되는 각도를 측정한다. 두 각도의 차를 비교하면 위도의 차이를 알 수 있다. 측정 지점 간의 거리를 정확히 알면 위도의 차이를 대입하여 지구의 외주外周를 계산할 수 있다." 이노의 발상에 당대의 최고 과학자 다카하시도 동의했다. 다만, 이 구상은 한 가지 난점이 있었다. 관측의 오차를 줄일 수 있도록 북극점 관측 지점 간 거리가 상당히 멀어야 하며, 또한 그 거리가 정확해야 한다는 것이었다. 원리는 주어졌지만 실행이 문제였다. 이대로라면 '고양이 목에 방울 달기'로 끝나버릴 탁상공론이지만, 이노는 생각이 달랐다. 측량 마니아 이노는 직접 에도에서 일본의 북쪽 끝단인 에조치蝦夷地(홋카이도의 옛 명칭)까지 걸어서 그 거리를 실측하겠다고 결심한다. 이 결심이 인류 문명사에 남을 위대한 지도의 탄생으로 이어지리라고는 이노 스스로도 생각하지 못했다.

17년에 걸친 10차례의 측량 여행

당시 홋카이도는 금단禁斷의 땅이었다. 막부의 허가 없이는 발을 들일 수 없었다. 다카하시·이노 사제師弟는 지도 제작을 명분으로 떠올린다. 18세기 말 이래 홋카이도 지역은 러시아의 접근으로 막부의 신경이 날카로워져 있는 상태였다. 홋카이도 동단에 위치한 네무로根室에 러시아 특사가 찾아와 통상을 요구하기도 하고, 북쪽 연안 일대에 러시아인들이 무단 상륙하는 사건이 발생하기도 하였다. 국방의 관점에서 홋카이도 일대의 정확한 지도 제작 필요를 느끼던 막부는 다카하시와 이노에게 홋카이도 측량을 허락한다.

　1800년, 이노는 에도에서 홋카이도를 목표로 측량 여행에 나선다. 이노가 55세 되던 해였다. 총 9인으로 구성된 측량대가 4월 에도를 출발하였다. 5월에 홋카이도에 도착하여 8월까지 해안 일대의 측량을 마치고

10월 에도로 복귀하는 총 6개월의 여정이었다. 측량 기간 동안 낮에는 하루 평균 40킬로미터씩 이동하며 측량을 하고 밤에는 천문관측 기록을 남기는 강행군이었다. 이노는 측량 여행 중 매일같이 일기 형식의 기록을 남겼다. 귀경 후 3주에 걸쳐 측량 데이터를 기초로 지도를 제작, 12월에 막부에 제출하였다.

이노 지도의 정확성과 치밀함에 감탄한 막부는 이노의 공을 치하하고 아예 동東일본 전체에 대한 지도 제작을 이노에게 의뢰한다. 지구의 크기 계산을 위해 나섰던 실측 여행이 이노도 알지 못하였던 천부적 지도 제작 능력을 끌어낸 셈이었다. 이를 계기로 이노는 본격적인 전일본 측량 여행에 나선다. 1800년 제1차 측량부터 1816년 제10차 측량에 이르기까지 총 17년에 걸친 집념의 대여정이 계속되었다. 마지막 여행인 10차 실측에서 돌아왔을 때 이노의 나이는 고희古稀를 넘은 71세였다.

1817년, 1차 측량에서 수집하지 못한 홋카이도 해안의 측량 데이터를 제자의 도움으로 마저 확보한 이노는 그동안 모은 데이터를 기초로 전일본 지도 제작에 착수한다. 각 데이터에 기초하여 지역별 지도를 제작하고 이를 하나로 연결하는 작업이다. 이노의 관심사는 일본 열도의 해안선을 최대한 정확히 지면紙面에 표시하는 것이었다. 정확한 해안선은 정확한 일본의 모습과 크기의 구현을 의미한다. 이노는 이를 위해 곡면의 위치 정보를 평면으로 옮기는 오차 보정 계산법을 고안하기도 하였다. 근대 유럽 지도의 투영법에 필적하는 발상이었다.

안타깝게도 이노는 일본 전도의 완성을 보지 못하고 1818년 노환으로

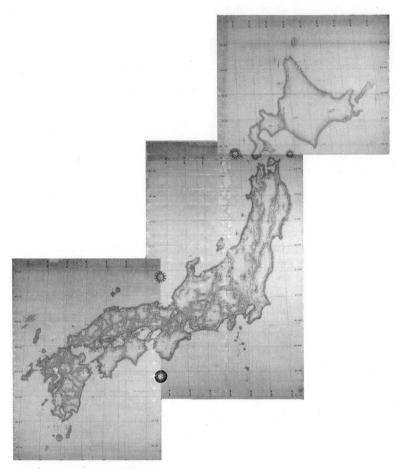

〈대일본연해여지전도〉. 도쿄국립박물관 소장.

세상을 떠났다. 향년 73세였다. 나머지 작업은 이노와 함께 호흡을 맞추
던 제자들에 의해 계속되었다. 이노 사거死去 3년 뒤 대망의 〈대일본연해
여지전도大日本沿海輿地全圖〉가 완성되었다. 1821년 7월 에도성에서 막

부의 고위 관료들이 지켜보는 가운데 지도의 공개식이 거행되었다. 이노가 풍찬노숙을 마다 않고 한발 한발 걸어 측량한 일본의 해안선이 살아 꿈틀거리듯 담긴 지도가 펼쳐지자 보는 이들은 눈을 의심하고 벌어진 입을 다물지 못했다. 1/36000 축척 대지도 214매, 1/216000 축척 중지도 8매, 1/432000 소지도 3매로 구성된 지도는 규모와 정확성에 있어서 당대의 것이라고는 도저히 믿을 수 없는 수준이었다.

너무나 정확한 지도의 제작에 놀란 막부는 이노 지도를 막부의 공식 문서보관서인 모미지야마문고紅葉山文庫에 비장秘藏하고 외부 유출을 금지하였다. 지도의 전략적 중요성을 잘 알고 있던 막부로서는 이러한 상세한 지리 정보가 일반에 유통되도록 놔둘 수는 없는 노릇이었다. 이후 이노의 지도는 서양 세력의 서세동점이 거세지는 1860년대까지 막부 외의 일반 사용이 봉인되었다.

지도의 공개 여부와 관계없이 막부는 이노의 공적을 높이 평가하고 합당한 대우를 하였다. 막부는 1차 에조치 측량 이듬해 이노 다다타카와 가게타카景敬 두 부자父子에게 '묘지타이토苗字帶刀*'를 허가하고 신분 상승을 공인하였다. 이노가 측량 여행을 떠날 때마다 막부는 공무여행 통행증을 발급하고 소정의 여비를 지급하였다. 지도가 완성된 후에는 그 손자인 다다노리忠誨에게 봉록이 지급되고 에도에 사택이 제공되었다. 이노의 공적에 대해 막부는 대를 잇는 영예와 포상으로 보답하였다.

---

* 무사계급 신분의 상징으로서 성姓을 사용하고 칼을 휴대할 수 있는 권리.

이노즈, 정확성의 비결

이노 지도의 정확성은 놀랍다. 그 정확성에는 비결이 있다. 첫째, 이노의 천문학 지식이다. 이노 지도가 동시대 여타 동양 지도와 가장 비교되는 점은 정확성이 아니라 기저에 깔려 있는 지도에 대한 인식이다. 당시 중국과 조선의 지도는 '하늘은 둥글고 땅은 네모지다'는 천원지방天圓地方 사상과 사방을 일정한 구획으로 나누어 지리 정보를 표시하는 방격법方格法에 기초하였다. 지리는 철학, 사상, 관념과 분리되지 못하였다. 근대 지도의 요체인 위경도緯經度 좌표 개념도 들어설 여지가 없었다.

이노의 지도는 동양의 관념적 지도를 배제한 과학적 사고에 기반한 것이었다. 최초 측량 여행의 동기가 자오선호弧 길이의 계산에 있었던 만큼 이노는 구체球體로서의 지구와 위경도 좌표 개념 등 근대 천문·지리학에 입각하여 지도를 제작하였다. 군대에서 독도법讀圖法을 배운 사람은 알겠지만, 현대 지도 사용의 첫 번째 단계는 현 위치 파악이다. 이는 바꾸어 말하면 지도 제작자가 각 지점의 위치를 파악하면서 지도를 제작하였다는 말과도 통한다. 이노는 지표면에서 실측을 하는 것도 중요하지만, 측량 결과가 정확한지를 확인하는 것이 무엇보다 중요하다고 생각하였다. 이노는 이를 위해 천문학 지식을 동원하였다. 태양과 주요 천체의 고도 및 운행을 관측하고 지표면의 주요 지형지물(주로 높은 산봉우리)을 통해 현 위치를 확인하는 삼각측량 방식을 고안하여 측량 결과를 지속적으로 검증하고 보정하는 한편, 이를 위도와 경도의 좌표로 설정하여 지도에 반

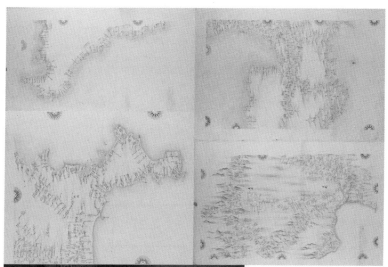

상: 〈대일본연해여지전도〉의 부분
도. 천문학 지식을 바탕으로 놀랍도
록 정밀하게 일본 국토를 그려냈다.

하: 이노즈의 대지도 214매를 합친
모습. 이노즈 원본은 1873년 황거皇
居 화재로 모두 소실되었으며, 현재
남아 있는 것은 미국 의회도서관 등
에서 발견된 사본이다. 이노즈의 완
전복원 기념으로 전국순회 중 다마
多摩에서(2010년 5월 3일).

영하였다.

이노의 일기에는 총 3754일간의 측량 기간 중 1404일에 걸쳐 하루 수 회에서 수십 회에 이르는 천문관측 결과가 기록되어 있다고 한다. 이러한 과학적인 방법에 의한 측량의 결과, 이노가 실측을 통해 계산한 위도 1도 의 거리는 현대의 측정치와 오차가 1000분의 1에 불과하다고 한다. (이노 가 고안한 천체관측을 통한 지도 제작의 과학적 방법론에 대한 설명을 읽었지만, 사 실 문과 출신인 나로서는 전부 소화하기 어려웠음을 고백한다. 이노의 천문학에 대한 지식과 지도 제작에 대한 이해는 현대의 일반인을 뛰어넘는 수준이다.)

둘째 비결은 일종의 사회적 공공재로서 일본 사회에 발전된 측량 기술 이 존재하였다는 것이다. 에도시대 들어 경제가 번성하면서 일본에는 각 종 도로, 운하, 성, 수도水道 건설 등의 대규모 토목공사가 빈번하였고, 이 러한 사정은 각종 지형지물의 거리, 각도, 높이 등을 측정하는 고급 측량 기술의 축적으로 이어졌다. 앞서 언급하였듯이 이노는 전문 지도제작자 가 아니다. 그럼에도 불구하고 결심을 하자마자 바로 실행에 옮길 수 있었 던 것은 이노가 상인 시절부터 마을의 제방이나 도로 건설 등 공공 토목사 업에 참여하면서 측량의 기초를 접한 경험이 있기 때문이다.

이노는 도선법導線法이라는 측량법을 사용하였다. 도선법이란 측량 지 점에 폴pole을 꽂아두고 다음 지점에 폴을 꽂아 양자 간의 거리와 각도를 기록하는 방식이다. 이를 위해서는 측정 지점 간의 거리, 각도, 방위, 경사 도 등을 정확히 측정할 수 있는 도구가 필요하다. 당시 일본에는 이러한 용도의 계측 기구의 실용화·상용화가 진전되어 있었다. 이노는 이러한 기

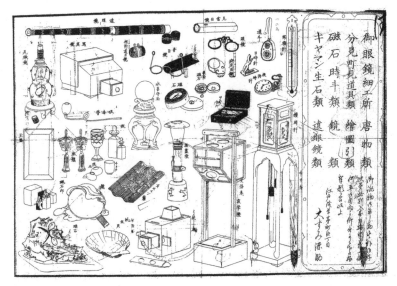

에도 후기 오스미 겐스케大隅源助 상점의 전단지. 온도계, 나침반, 각도계, 안경, 망원경, 화和시계 등 당시로서는 첨단 계측기기를 전문으로 취급하고 있다.

구들을 구입하거나 필요에 따라 일부 개량하여 사용하였다. 에도 장안의 유능한 전문기술자들과 협업하여 필요한 도구를 구입하거나 제작하여 사용할 수 있었던 것은 이노 지도 제작을 가능케 한 도구적 기초가 되었다.

셋째 비결은 이노 자신의 집념이다. 아무리 천문학 지식이 풍부하고 뛰어난 측량 기술을 보유하고 있다 할지라도 직접 현장에 가서 측량을 하지 않으면 무용지물이다. 일본은 국토 면적이 크지는 않지만, 해안선이 엄청나게 길고 복잡한 형상을 하고 있다. 현대 기술로 측정한 일본 해안의 총 연장은 3만 3889킬로미터로 이는 지구 외경(약 4만 킬로미터)의 85퍼센트에 이르는 거리이다. 이러한 해안선의 전모를 한 사람이 오로지 두 발에 의지해서 현장에서 실측을 하여 지도를 제작한다는 것은 보통 사람은 상상하기도 어려운 일이다. 평균 수명이 40세이던 시대에, 이노는 쉰이 넘은 나이에 전일본 해안선 실측이라는 도전에 나섰고, 누구도 불가능하리라 생각했던 그 도전에 성공했을 때 그는 일흔이 넘은 나이였다.

나이는 숫자일 뿐임을 증명한 이노의 집념과 생애는 어찌 보면 100년 인생이 주어지는 현대인들에게 더욱 큰 울림을 주는 것인지도 모른다. 나이와 관계없이 끊임없이 배움에 정진하고 스스로 부여한 사명감으로 위업을 이룬 이노의 생애는 메이지시대에 과학적 사고, 근면, 끈기의 스토리로 초급 학교 교과서에 수록되어 일본 사회에 널리 알려졌고, 지금도 이노는 일본인들이 가장 존경하는 위인이자 본받고 싶어 하는 삶의 귀감으로 일본인들의 정신세계에 큰 자리를 차지하고 있다.

제11장

사전으로 서구 문명과
언어의 통로를 만들다

1774년 『해체신서』의 출간은 일본 지식인 사회에 일대 사건이었다. 그때까지 서양의 문물은 물건의 형태로 접하거나 대화를 통해 단편적 내용을 파악하는 수준이었을 뿐, 서양의 '책'이라는 것은 그림의 떡에 불과했다. 책에 그려진 그림이나 약간의 아는 단어를 통해 추측할 뿐, 지식의 보고인 책이 지식 흡수에 거의 도움이 되지 못하고 있었던 것이다.

　그런 상황에서 『해체신서』가 출간되자 난학자蘭學者들 사이에 책을 지식의 전달 도구로 삼기 위한 '번역'에 대한 욕구가 샘솟는다. 사실 그 이전부터 서양의 책에 적혀 있는 꼬부랑글자의 뜻만 알 수 있으면 그 지식을 모두 자기 것으로 만들 수 있다는 것은 당연히 알고 있었다. 그럼에도 불구하고 『해체신서』 이전에 번역서가 없었던 것은 '사전辭典·dictionary'이 없었기 때문이다.

0에서 1을 만드는 도전

일상 대화의 수준을 넘어 외국어를 통해 정밀한 개념을 이해하기 위해서는 번역의 도구적 기초로서 사전의 존재가 필수적이다. 『해체신서』의 출간을 계기로 일부 뜻있는 난학자들이 '난일蘭日사전'의 필요성을 절감하고 편찬 작업에 착수한다.

당시 난학계는 크게 에도파와 나가사키파로 나뉘어 있었다. 나가사키에서는 네덜란드인들과의 직접 접촉을 통해 유창하게 네덜린드어를 구사하는 통사通詞(번역관)들이 난학 전파에 일익을 담당하고 있었고, 에도에서는 의사 중심의 지식인들이 일문一門을 이루어, 비록 네덜란드어 실력은 나가사키파에 못 미치지만 난학을 학문적 관점에서 열성적으로 연구하고 있었다.

이 중 에도파의 이나무라 산바쿠稻村三伯가 네덜란드어 사전 편찬에 도전장을 던진다. 아무래도 대면 통역보다 서적을 통한 지식 흡수의 필요성이 높은 에도파가 사전의 필요성을 더 절감했던 사정도 작용했을 것이다. 산바쿠는 본래 의사 출신으로 당시 에도 난학계의 떠오르는 스타였던 오쓰키 겐타쿠大槻玄澤의 『난학계제蘭學階梯』를 접하고 난학 연구에 몰입하였고, 이 과정에서 사전 편찬의 꿈을 품게 된다.

사실 산바쿠 이전에도 난일사전 편찬의 시도가 있었다. 당시 어학 실력이 가장 뛰어났던 것으로 알려진 나가사키 통사 니시젠 자부로西善三郎가 네덜란드어 사전 편찬에 착수하였으나, 뜻을 이루지 못하였다. 수만

나가사키상관의 네덜란드인들. 이들이 전하는 유럽의 신
문물과 지식은 에도시대의 지식인들에게 큰 지적 자극
을 주었다.

개에 이르는 단어의 내용 파악도 내용 파악이지만, 알파벳 순서로 정렬되
어 있는 (일종의) 데이터베이스가 없는 상황에서 사전을 발간한다는 것은
일개인이 하기에는 너무나도 많은 시간이 소요되는 작업이었다. 산바쿠
는 이를 우회하는 방법으로 시간 단축의 실마리를 찾는다. 겐타쿠가 네덜
란드어 교사로 에도에 초빙한 나가사키 통사 출신 이시이 쇼스케石井庄
助로부터 『난불사서蘭佛辭書, Woordenboek der Nederduitsche en Fransche
Taale』를 소개받고, 이 사전을 활용해 난일사전을 편찬하기로 한 것이다.

　『난불사서』는 프랑스인 프랑수아 할마François Halma(일본 발음은 후랑소와 하루마)가 집필하여 1706년 초판이 간행되고 1729년에 제2판이 간행된 '네덜란드어-프랑스어Dutch-French' 사전이다. 네덜란드어를 프랑스어로 설명하는 사전으로 일본어 사전을 만든다는 발상은 언뜻 보면 이해가 되지 않는다. 네덜란드어도 모르는데 프랑스어로 뜻풀이가 되어 있는 사전이 무슨 도움이 되는지 의문이 생길 수밖에 없다.

배경은 이렇다. 네덜란드는 19세기 초까지 국어(네덜란드어)사전이 없었다. 18세기 전반에 걸쳐 프랑스의 영향권 아래에 있으면서 고유의 국어사전을 발간하지 못하였던 것이다. 네덜란드어 사전이 있었다면 일본의 난학자들이 그를 기초로 난일사전을 만들 생각을 했겠지만, 네덜란드어 사전이 없으니 난감한 상황이었던 것이다. 그때 네덜란드어 사전의 대용代用으로 착목된 것이 프랑수아 할마의 『난불사서』이다. 할마의 『난불사서』에는 알파벳 순서로 네덜란드어 표제어를 나열하고, 각 표제어에는 먼저 네덜란드어로 단어의 뜻을 설명하는 주석註釋이 달리고, 그다음에 본문으로 그에 해당하는 프랑스어가 설명되어 있었다. 이러한 독특한 체계는 당시 네덜란드어 사전이 없었다는 사정에 기인한다. 네덜란드인들도 이 사전을 국어사전 대용으로 사용하고 있었다고 한다.

산바쿠는 이 중에서 프랑스어는 제쳐두고 네덜란드어 표제어와 그에 대한 네덜란드어 주석을 활용하여 난일사전을 만든 것이다. 사전의 편찬에는 산바쿠의 뜻에 동조하는 우다가와 겐즈이宇田川玄隨, 오카다 호세쓰岡田甫說 등의 동료 난학자들이 같이 참여하였다. 13년에 걸친 편찬 작업 끝에 1796년 일본 최초의 난화사전蘭和辭典으로 알려진 『하루마와게

일본 최초의 서양어 사전으로 알려진 『하루마와게』.

(ハルマ和解 또는 波留麻和解)』가 탄생하였다.

　1796년 초판 원고가 완성된 이후 2~3년에 걸쳐 30여 부가 간행되어 에도 난학계에 보급되었다. 약 6만여 개의 방대한 표제어를 수록하고 있으나, 단어 설명 수준은 그리 높지 않아 현대로 치면 어휘집 내지 단어장 정도의 성격이었다. 그러나 그 정도만으로도 에도 난학계의 연구는 큰 탄력을 받았고, 『하루마와게』 출간 이후 에도에서 각종 서양서적 번역서가 연달아 출간되면서 에도의 난학이 크게 융성한다.

일본 난학자들의 보물, 『두후하루마』

보다 본격적인 난일사전의 편찬은 에도 막부에 의해 추진된다. 막부는 서양 언어의 중요성을 깨닫고 1811년 막부 기관인 천문방天文方의 부속 기관으로 양서 번역을 담당하는 '반쇼와게고요蕃書和解御用'를 신설하여 유능한 난학자들을 번역관으로 위촉하였다. 반쇼와게고요는 번역의 수준을 높이기 위한 본격 사전의 필요성을 절감하고, 나가사키 데지마상관장으로 일본어에 능통한 헨드릭 두프Hendrik Doeff에게 난일사전의 편찬을 의뢰한다.

당시 유럽은 프랑스혁명과 나폴레옹 전쟁으로 혼란스러운 상황이었고, 네덜란드는 '바타비아공화국'이라는 프랑스의 위성국이 되었다. 혼란의 와중에 네덜란드 동인도회사가 1799년 해산되고, 프랑스와 적대관계에 있던 영국이 강력한 해군력을 바탕으로 동남아시아의 네덜란드 식민지를 접수하기 시작하자, 동남아 일대에 거점을 두고 활동하던 동인도회사의 인력들은 본국의 도움 없이 자력으로 생존해야 하는 상황에 처하였다.

두프 역시 1803년 도일渡日한 이후 하염없이 귀국을 기다리는 처지였다. 두프에게는 불행이었지만, 일본으로서는 그의 존재가 행운이었다. 1812년 막부의 의뢰를 받은 두프는 나가사키 통사들의 협조를 얻어 사전 편찬 작업에 착수한다. 그의 우수한 어학 실력 덕분에 빠른 속도로 번역이 진행되었다. A~T 항목까지 번역이 진행된 1817년, 유럽의 정세 변동으로 두프가 갑자기 본국으로 귀국함에 따라 번역 작업은 암초를 만나게 된다.

나가사키의 통사들이 작업을 이어받았으나, 마무리 작업에는 무려 16년이 추가로 소요되었고, 1833년이 되어서야 비로소 초고가 완성되었다.

두프가 주도한 이 사전의 정식 명칭은 『통포자전通布字典』이나 일반적으로는 『두후하루마ドゥーフハルマ』로 알려져 있다. 『두후하루마』도 『하루마와게』와 마찬가지로 프랑수아 할마의 『난불사서』 제2판을 베이스로 프랑스어를 제외한 네덜란드어 표제와 주석 설명을 활용하여 편찬되었다. 이에 따라 에도에서 만들어진 프랑수아 할마의 번역본을 『에도하루마』, 나가사키에서 만들어진 번역본을 『나가사키하루마』라고 부르기도 한다.

『두후하루마』는 총 5만여 표제어를 수록하고 있으며, 상세한 설명과 예문을 기재한 57권, 3000여 쪽의 방대한 책자로 구성되어 있다. 『두후하루마』의 초고를 접수한 막부는 서양 지식의 전파를 우려하여 인쇄본이 아닌 필사본만 30여 부 제작하고, 배포처도 막부와 일부 번으로 한정하였다. 뜻있는 난학자들이 서양 세력에 대비하기 위해서는 서양을 알아야 한다면서 막부를 설득하였으나, 막부는 정식 간행에 소극적이었다. 이 책은 1853년 페리 제독의 '흑선黑船' 사건이 발생한 이듬해인 1854년이 되어서야 겨우 정식 간행이 허가되었다.

『두후하루마』는 난학 연구자들에게 없어서는 안 될 지식의 보고였다. 막부가 배포를 통제하는 동안에도 서로 앞 다투어 입수하려고 경합이 벌어졌다. 이 때문에 비공식 사본寫本이 만들어져 유통되었는데, 『두후하루마』를 입수한 주쿠塾와 그렇지 못한 주쿠 간의 입학생 모집에 큰 차이가 발생

일본 난학 발전에 결정적으로 기여한 본격 난일사전 『두후하루마』. 상: 데키주쿠適塾에 소장되어 있는 『두후하루마』. 중: C~G책冊.

할 정도였다. 워낙 고가의 책자였기 때문에 이를 보유한 주쿠들은 외부의 요청으로 사본을 만들어 판매하면서 운영비를 보충하기도 하였다고 한다.

막부의 해군장관으로 메이지유신 과정에서 큰 역할을 했던 가쓰 가이슈勝海舟의 젊은 시절 일화에 이와 관련한 대목이 있다. 가이슈는 가난하던 젊은 시절 당시 집 한 채 값에 해당하는 10냥이라는 거금을 주고 한 의사로부터 1년 계약으로 『두후하루마』를 빌렸다. 그는 1년 동안 밤잠을 자지 않고 얇은 종이를 덧대 번지지 않는 잉크로

'메이지유신의 중재자'로 불리는 가쓰 가이슈도 『두후하루마』를 필사해 공부했다.

카피하는 방법으로 두 질秩의 사본을 만들어 한 질은 본인이 소유하고 한 질은 빌린 값보다 몇 배의 가격을 붙여 팔아 이득을 남긴 후 그 돈으로 공부를 계속하였다고 한다. 후쿠자와 유키치도 자서전에서 자신이 다니던 오사카 최고의 난학교습소 '데키주쿠適塾'에 『두후하루마』가 한 질밖에 없어 문하생들이 한 번이라도 사전을 더 보려고 한밤중까지 자지 않고 경쟁을 펼쳤다고 회고하였다. 그 정도로 『두후하루마』는 일본 난학도들에게는 소중한 존재였다.

일본 최초의 영일사전

에도시대 후기 외국어 사전의 발간과 관련하여 빼놓을 수 없는 것이 일본 최초의 영일사전으로 불리는 『안게리아고린타이세이諳厄利亞語林大成』이다. 이 사전의 편찬에는 유럽정세의 변화에 따른 막부의 위기의식 고조라는 배경이 있었다.

1808년 8월 나가사키항 앞바다에 네덜란드 국기를 게양한 한 척의 배가 출현한다. 입항 절차 수속을 위해 네덜란드상관원과 통사들이 선박에 접근하자 이 선박의 승조원들이 돌연 네덜란드상관원 두 명을 납치하고 네덜란드 국기 대신 영국 국기를 게양하더니, 나가사키항에 침입하여 네덜란드인들을 색출한다면서 무장을 한 채로 거리를 활보하며 소란을 피웠다. 이 배는 사실 영국의 페이튼Phaeton호로, 동남아 일대의 네덜란드 국적 선박을 나포하는 임무를 수행하는 군함이었는데, 나가사키항에 접근하기 위해 네덜란드 국기를 위장 게양했던 것이다.

이들의 적대 행위에 놀란 나가사키 부교奉行(지역행정 책임자)가 인질의 석방을 요청했으나, 페이튼호는 이를 거부하고 물, 식량, 연료의 보급을 요구하면서 적대행위를 멈추지 않았다. 일본 측은 페이튼호를 격침시키려 하였으나, 당시 나가사키 경비 임무를 맡고 있던 사가번의 군대는 페이튼호를 공격할 수 있는 장비를 제대로 갖추고 있지 못했다. 일본 측이 요구조건을 들어주고 나서야 페이튼호는 나가사키를 벗어나 이동하였다.

이 사건으로 굴욕을 맛본 막부는 큰 충격을 받는다. 후유증도 컸다. 이

국선異國船의 침입에 제대로 대응하지 못한 죄를 물어 나가사키 부교와, 멋대로 막부 직할령의 경비병력을 줄인 사가번의 중신 여러 명이 할복을 해야 했고, 사가번주는 100일의 폐문閉門 근신 처분을 받았다.

막부는 호전적인 이국선의 출현을 계기로 영국이라는 존재에 대해 경각심을 품고 나가사키 통사들에게 영어와 러시아어를 배울 것을 지시한다. 러시아어가 포함된 것은 당시 상관장이었던 두프가 둘러댄 거짓말도 영향을 미쳤다. 두프는 네덜란드가 프랑스 지배하에 놓이게 된 것이 알려지면 자신들의 독점무역권이 위태로워지기 때문에 그 사실을 숨기려고 러시아가 영국을 사주하여 나가사키의 방비防備 태세를 시험하기 위해서 온 것이며, 네덜란드 선박을 나포하기 위해 온 것이 아니라고 허위 보고를 했던 것이다. 이미 페이튼호 사건 1년 전에 러시아의 군함이 사할린 근처의 섬에서 위협적인 행동을 하며 통상을 요구한 적이 있었기에 막부는 두프의 말을 믿었다. 막부는 당시 러시아인들이 보내온 문서가 프랑스어로 작성되어 있는 것을 보고 나가사키의 통사들에게 프랑스어를 배우도록 지시를 한 상태였다. 러시아에 대한 경각심이 고조되어 있는 상황에서 막부는 두프의 보고가 신빙성이 있다고 보고 통사들에게 영어와 함께 러시아어 학습도 지시한 것이다. 이로써 네덜란드어, 프랑스어, 영어, 러시아어 4개 외국어가 막부의 명에 의해 통사들이 습득해야 할 외국어로 지정되었다.

영어 공부를 지시받은 나가사키의 통사들은 영국 거주 경험이 있는 네덜란드인 상관원 얀 콕 블롬호프Jan Cock Blomhoff에게 집중적으로 영어

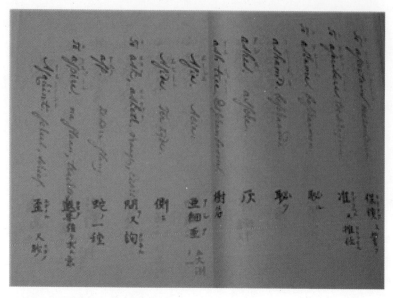
일본 최초의 영일사전 『안게리아고린타이세이』.

를 배우는 한편, 1811년 영어의 기본체계와 기초 어휘, 대화 예문 등을 정
리하여 『안게리아겐고와게諳厄利亞言語和解』라는 책자를 발간한다. 이
책자를 일본 최초의 영일사전이라고 보는 시각도 있으나, 그보다 3년 뒤
인 1814년 6000여 표제어와 품사 등을 구분 수록하여 발간한 『안게리아
고린타이세이』를 최초의 영일사전으로 보는 시각이 일반적이다.

서양 세력에 대한 막부의 경각심이 외국어 학습의 동기가 되었다는 점
을 감안하면, 일본 최초의 영일사전을 비롯한 각종 정부 주도 외국어사전
또는 학습서의 제작은 '지피지기知彼知己면 백전불태百戰不殆'의 실천적
결과물이라 할 수 있다.

근대화를 촉진한 언어의 통로

서양언어 사전을 최초로 만든다는 것은 기존의 한자로 된 서적을 일본어로 번역하는 것과 완전히 다른 차원의 지적 작용을 요구한다. 표의문자와 표음문자의 차이도 있지만, 무엇보다 서양언어로 표현된 개념을 일본어로 옮기기 위해서는 그 개념을 이해하고 수용하는 것이 선결되어야 하기 때문이다.

이를테면, 『안게리아겐고와게』에는 'handkerchief'가 '하나후키鼻拭き'로 번역되어 있다. 한국말로 하면 '코닦기' 정도의 의미이다. 일본에는 없는 물건이지만 그 용도를 파악하여 적절한 대역어對譯語를 조어造語한 것이다. 이보다 더 관념적인 단어에 대해서는 더 많은 고민이 필요하다. 'liberty'를 자유自由로, 'economy'를 경제經濟로, 'physics'를 물리物理로, 'chemistry'를 화학化學으로 번역한 것에서 볼 수 있듯이 일본에 없는 관념을 번역하기 위해 사전의 편찬자들은 서양의 개념을 수용한 후 그를 자국어로 변용하는 언어의 재창조 작업에 몰두하였다.

최초로 그러한 임무가 맡겨진 사람들 입장에서는 단어 하나하나가 문화의 충돌이었고 문명의 이양移讓이었다. 일본의 근대화 과정에서 번역이 갖는 의미는 각별하다. 일본의 근대화에는 서구화가 본질적 요소로 내포되어 있으며, 이러한 의미에서 일본의 근대화는 서구의 관념을 일본의 관념으로 변환시키고 내재화하는 과정이라 할 수 있다. 개항 이후 이루어진 일본의 급속한 근대화는 그보다 100년 전부터 수많은 지식인들의 고

뇌가 담긴 '언어의 통로'가 있었기에 가능한 것이었다.

언어사전은 필요의 산물이기 때문에 번역의 방향성이 의미가 있다. 즉, 영일사전은 일본어 사용자가 영어를 공부하기 위해 필요한 사전이고, 일영사전은 영어 사용자가 일본어를 공부하기 위해 필요한 사전이라는 것이다. 일본 최초의 일영사전은 1867년 미국의 의료 선교사 제임스 커티스 헵번James Curtis Hepburn 박사가 저술한 『와에이고린슈세이和英語林集成』 초판이다. 영어 제목은 'Japanese-English Dictionary: with an English and Japanese Index'이며, 일반적으로는 『헤본지쇼ヘボン辭書』로 알려져 있다. 비유럽권의 언어사전은 유럽인들이 먼저 해당언어에 대한 사전을 만드는 것이 일반적이다. 문명의 이동 방향이 그렇기 때문이다. 일본의 경우에도 가장 먼저 만들어진 유럽언어 사전은 포르투갈 선교사들이 1603년 편찬한 『일포사서日葡辭書』이다. 중국어의 경우에는 스코틀랜드의 선교사인 로버트 모리슨Robert Morrison이 주축이 되어 1815~1823년간 순차적으로 간행된 『A Dictionary of the Chinese Language』가 최초의 중영中英사전이다. 이 사전은 아예 영중英中사전까지 겸하고 있어 중국인들이 영어를 공부하는 데에도 사용할 수 있었다. 비록 근대 사전의 체계를 갖추지는 못했지만, 서구인에 의한 일영사전 출간보다 50여 년이나 앞서 일본인들이 영어를 습득하기 위해 영일사전을 먼저 만들었다는 것은 (유럽의 공세적 의미와 반대의 수세적 입장에서 편찬된 것이기는 하지만) 대단히 예외적인 사례라 할 수 있다.

참고로, 최초의 영한사전은 언더우드H. G. Underwood가 집필한 『한영·

영한자전』이다. 조선에는 마땅한 인쇄시설이 없어 1890년 요코하마에서 발행되었다. 언더우드는 서문에서 영어에 대한 한국어 사전이 없다는 것이 편찬의 동기가 되었다고 하면서, 한국에 온 지 수개월 후부터 5년 동안 단어를 수집하였으며, 한영사전은 게일J. S. Gale의 도움으로, 영한사전은 헐버트H. B. Hulbert의 도움으로 완성하였다고 편찬 과정을 적고 있다.

제12장

소비가 주도하는
경제의 힘, 섬유혁명

섬유산업은 근대화의 첨병이다. 18세기 후반 영국에서 잇달아 발명되기 시작한 기계식 방직기와 방적기는 영국산 면직물이 세계시장을 제패하면서 영국이 산업혁명의 주역으로 발돋움하는 원동력이 되었다. 동아시아에서도 근대화시기에 가장 먼저 산업화가 진행된 것이 섬유산업이다. 14세기에서 16세기에 걸쳐 동아시아는 산업혁명과는 다른 의미의 '섬유혁명'을 경험하게 된다. 혁명의 주인공은 목면이었다. 면직물은 촉감, 섬세함, 기능성, 생산성 등 모든 면에서 기존의 마麻직물과는 비교가 안 될 정도로 우수하였다. 면의 보급은 인간의 의依생활을 완전히 바꾸어놓았다.

14세기 중국, 15세기 조선, 16세기 일본, 각 100년의 차이를 두고 삼국에 목면이 보급되었고, 일본은 동아시아에서 목면 보급이 가장 느린 곳이었다. 그러나 일단 목면이 도입되자 일본의 면 산업은 순식간에 중국과 조선을 압도하며 성장한다. 에도시대의 면 산업 발달사는 당시 일본이 얼마나 치밀하게 조직화되고 산업화에 근접한 사회였는지를 이해하는 데에 더할 나위 없이 좋은 실증적 사례를 제공한다. 특히 17세기 이후 일본과 조선의 면 산업 발달 과정을 입체적으로 비교해보면 두 나라 간 격차의 실체가 아플 만큼 드러난다.

근세 초기 동아시아 무역

에도시대의 면 산업을 설명하기 위해서는 15~17세기에 걸친 동아시아의 무역 동향을 살펴볼 필요가 있다. 국제무역을 위해서는 교환수단이 필요하다. 당시 교환수단으로 가장 선호된 것은 중국에서 화폐로 통용되던 은銀이었다. 16세기 초 조선에서 회취법灰吹法이라는 고수율高收率 은추출 제련법이 개발된다. 국가 기밀에 해당하는 최첨단 기술이었다. 이 기술이 조선의 허술한 관리를 틈타 1530년대에 일본으로 넘어간다. 잠상潛商(밀무역 상인)이 산업스파이가 되어 기술을 습득하였고, 일본의 상인이 그 가치를 알아보고 이들을 스카우트하여 은 생산에 나섰다.* 태평성세의 조선은 은 개발에 큰 노력을 기울이지 않았지만 일본은 달랐다. 때는 센고쿠시대戰國時代이다. 다이묘들은 나라와 가문의 존망을 건 무력 투쟁

---

* 일본에서는 하카타(지금의 후쿠오카)의 호상豪商 가미야 주테이神屋寿禎가 1533년 한반도에서 경수慶寿와 종단宗丹이라는 기술자를 초청하여 회취법에 의해 은을 생산하는 이와미石見 은광을 개발한 것이 본격적인 은광 개발의 효시라고 알려져 있다.

의 와중이었다. 신생대에 속하는 일본은 은광석이 풍부하였다. 효율성이 높은 은추출법이 도입되자 일대 은광개발 사업이 전개된다. 남만南蠻(포르투갈), 중국, 조선 등지로부터 전쟁 수행에 필요한 전략물자 도입에 사활을 걸던 다이묘들은 양질의 은 확보에 경쟁적으로 나선다. 다지마但馬, 이쿠노生野, 사도佐渡 등을 비롯하여 전국적으로 금·은광이 개발되었다. 풍부한 금·은 매장량을 바탕으로 일본은 단숨에 세계 최대 규모의 금·은 생산국이 되었고, 국제통화를 확보한 다이묘들은 본격적으로 국제무역에 나선다.

당시 일본의 무역 통로는 크게 보아 남만무역, 대명對明무역, 조선무역의 세 갈래였다. 남만무역은 조총 등 유럽의 신문물이 유입되는 통로의 역할도 하였지만, 포르투갈인들이 중국산 비단, 면, 도자기를 일본에 은을 받고 파는 중계무역의 비중이 컸다. 조선무역도 사정은 비슷하였다. 부산 왜관에서는 조선산 인삼과 함께 중국산 비단, 면포가 일본의 은과 교환되었다. 무역 구조는 일방적이었다. 일본은 일부 해산물과 금, 은을 수출하고 비단 생사生絲, 면포, 초석硝石을 수입하였다. 금, 은은 사실 수출품이라기보다는 지불금이었으니 일본은 사실상 완전한 무역 적자의 상태였다.

사치품인 비단, 도자기와 달리 면과 초석은 전략물자였다. 면은 기능성이 우수한 옷감으로 전투력 향상에 도움이 되었고, 무엇보다 화승총의 심지로 유용하였다. 초석은 유황硫黃과 함께 화약의 필수 원료이다. 유황은 일본 내에서 자체 생산할 수 있었으나, 초석은 수입에 의존하여야 했다.

16세기 말이 되면서 볼리비아의 포토시Potosi 은광을 필두로 남미 대륙에서 채굴된 다량의 은이 유럽으로 유입되면서 유럽의 은값이 폭락하였고, 이는 중국과의 교역에도 영향을 미쳤다. 은이 최대 수출품이었던 일본의 대외 교역조건도 악화된다. 은 대신 산출량이 늘어난 동銅을 수출대금으로 사용하기도 하였으나 은에는 비하지 못하였다. 비단은 사치품이니 지배층이 허리띠를 졸라매면 되고, 초석은 전쟁이 줄면서 수요도 줄고 수입 대체도 가능하였으나, 면은 다른 이야기였다. 수십 년간 수입면棉이 보급되면서 일본 사회는 이미 면을 절실히 필요로 하는 사회가 되었다. 16세기 말로 가면서 은의 대량 유출과 가치 폭락으로 대외교역에 타격을 입고 있던 일본 사회는 생활필수품으로 자리 잡은 각종 면제품을 국산품으로 대체하는 것이 당면 과제가 되었다.

목면 보급과 자본주의의 맹아

목면은 1540년대에 류큐琉球를 통해 사쓰마薩摩를 거쳐 일본에 전래되었다는 기록이 있으나, 의미 있는 수준으로 재배되기 시작한 것은 센고쿠 시대 말기와 에도시대 초기에 걸친 시기(16세기 말~17세기 초)였다. 이는 조선보다 1세기 이상 뒤처진 것이다. 하지만, 일단 목면 재배가 본격화되자 일본의 면 산업은 무서운 속도로 발전하기 시작한다. 이 과정에서 농업의 상업화가 진전되고 분업의 원리가 일본 사회에 깊숙이 파고든다.

에도시대 초기 일본은 화폐의 유통이 진전되고 있었으나, 향촌 지역에서의 징세는 여전히 미곡을 기본으로 하고 있었다. 미곡은 교환의 본위가 되기에는 약점이 있다. 소비량은 인구에 비례하여 정해져 있으나 생산량은 일정하지 않아 가격(화폐 대비 교환 비율) 변동이 심하기 때문이다. 흉작으로 산출량이 줄면 가격이 올라가고 풍작으로 늘면 가격이 내려갔다. 에도시대 전반에 걸쳐 일부 시기를 제외하면 농업 생산력의 증대로 쌀의 가격(=가치)은 우하향 곡선을 그리게 된다. 반면 면직물에 대한 수요는 계속 우상향 곡선을 그리고 있었다. 밥은 한 끼밖에 못 먹지만 면으로 만들 수 있는 제품은 무궁무진하였다. 생활수준이 올라갈수록 다양한 면 소재 제품이 개발되었고 이는 다시 원면에 대한 수요 증가로 이어졌다. 이에 따라 면은 쌀보다 더 안정적인 가치를 지닌 상품으로 자리를 잡게 된다.

전국 유통망의 발달로 농촌이 상업 영향권 내에 들게 되자 농민 입장에서는 절세의 선택지가 생긴다. 즉 쌀 대신에 목화를 재배하는 경우, 목화를 팔아 화폐를 마련하고 그 화폐로 쌀을 구입하여 세금을 납부하면 실제 세금 납부액이 줄어드는 것이다. 기술을 습득하여 원면을 포布로 만들 수 있으면 세금을 내고 남는 몫이 더 커졌다. 개혁 마인드의 다이묘들은 번의 재정 건전화와 번민의 생활수준 향상을 위해 또는 참근교대나 천하보청의 재원을 마련하기 위해 정책적으로 면화 재배를 장려하였다. 면화의 재배 기간은 쌀 재배 기간과 겹친다. 봄에 파종하여 가을에 수확한다. 미곡 본위 사회에서 쌀 재배를 포기하는 것은 쉽지 않다. 그러나 화폐 유통에 대한 믿음은 쌀 재배의 포기를 가능케 하였고, 번 정부와 농민 양쪽의 이해관계가 일치하는 상황 속에서 과감하게 쌀 재배를 포기하고 면화 재배를 특화하는 지역이 늘어난다.

자본주의의 기본 속성은 각 경제주체가 자신의 소비를 위해 생산을 하지 않는다는 것이다. 생산과 소비가 분리되어 화폐를 매개로 연결되는 것이 자본주의의 기초이다. 면화 재배를 특화한 농가는 자가 소비가 아닌 판매 목적의 생산 활동에 종사하는 경제인구이다. 이는 자본의 유통망 속으로 농업인구가 본격적으로 편입되는 것을 의미한다. 이것이 에도시대 자본주의의 맹아로 불리는 농업의 상업화 현상이다.

면직물이 생산되기까지는 수많은 공정을 거쳐야 한다. 목화 재배·수확, 원면原綿 생산, 원면을 가공하여 원사原絲를 만드는 방적紡績, 원사를 직조織造하여 생지生地(가공하지 않은 천)를 만드는 방직紡織, 생지를 2차 가공하여 부가 가치를 높이는 염색 등 다양한 공정이 존재한다. 면 생산을 특화한 지역이 늘어나고 생산량이 많아지자 효율을 높이기 위해 생산자들 사이에 공정별로 분화가 진행된다. 한 번도 논밭에 나가는 일 없이 집에서 해당 작업에 전념하여 생계를 유지하는 가내수공업 농가가 속속 등장하였다. 생산의 대가가 화폐로 지불됨에 따라 각 경제주체의 노력, 능력 여하에 따라서는 농촌에서도 자본의 축적이 가능하게 되었다. 농민이 주체가 되어 또는 상인과의 제휴로 가내수공업을 벗어나 공장제 수공업으로 발전하는 양상도 나타난다. 이는 농민들의 경제관념 및 근로 의욕을 자극하였고, 경쟁을 의식한 생산성 관념의 발아發芽를 가져온다. 일본에서는 18세기에 이미 농어촌 단위에서 '하면 된다'와 '잘살아보세' 의식이 내생적으로 싹트고 있었다.

면의 상품화는 여타 분야에 연쇄적으로 영향을 미쳐 생산-소비 과정에서 참여자가 종횡으로 연결되는 산업 생태계를 형성하였다. 면화 재배에는 다량의 비료가 필요하였다. 기존의 분뇨, 볏짚 퇴비 등으로는 수요를 감당할 수 없게 되자 '호시카干鰯'라는 정어리 치어를 말린 떡밥 비료가 대체품으로 각광을 받게 된다. 이는 어촌에 새로운 경제 기회를 열어주었다. 워낙 물량이 많아 어촌에서 생산된 호시카를 농촌으로 유통시키는 (제조, 운송, 보관, 판매 단계에서 분화와 전문화가 이루어지는) 별도의 상업망이 구축될 정도였다. 생지의 염색에 사용되는 쪽〔藍〕, 홍화紅花 수요가 증가하자 2차 상업작물이 새로운 경제 기회를 창출한다. 쪽을 전문적으로 재배하는 농가, 쪽 추출물을 가공하여 염료를 제조하는 업자 등 2차·3차 분업화가 연쇄적으로 유도된다. 각 지역에서 생산된 면사 또는 면직물을 대규모로 유통시키는 전문 도매상, 각 거점 도시에서 소비자 유통을 담당하는 포목상 등 꼬리에 꼬리를 물고 분화와 전문화가 진행되었다.

도시의 중심 에도, 새로운 시장의 확대

에도시대의 경제 역량을 가장 잘 보여주는 것은 '어떻게 생산되었느냐'가 아니라 '어떻게 소비되었느냐'이다. 비록 일본만큼 상품경제가 진전되지는 않았지만 조선에서도 가내수공업 등장 등 농촌의 생산 분화 조짐이 있었고, 면포는 농촌의 부副수입원이자 납세품으로 전국적으로 생산되고 있었다. 그러나 소비 측면을 들여다보면 상황은 일변한다. 에도시대 일본

경제를 특별하게 만든 것은 생산이 아니라 소비이다. 보다 정확히 말하면 소비를 근본적으로 변화시킨 섬세하고delicate 세련된sophisticated 도시문명이 에도시대 일본경제의 본령本領이다.

에도시대는 도시화의 시대였다. 심지어 수도capital도 하나가 아니었다. 막부 소재지 에도, 물산 집산지 오사카, 문화의 고도古都 교토가 모두 수도의 성격을 갖고 있었다. 이를 삼도三都라 한다. 역사학자들은 18세기 중반 시점에 에도의 인구가 100만, 교토와 오사카가 30만이 넘었을 것으로 추정한다. 나고야, 가나자와金澤처럼 인구가 10만이 넘는 지방도시도 있었고, 각 번에는 영주의 교조居城를 중심으로 인구 2만에서 6만 규모의 도시화한 조카마치가 전국에 분포되어 있었다. 모든 도시의 중심에는 에도가 있었다. 전국의 물산이 집산되는 오사카도, 문화 중심지로서 고급품 생산 거점인 교토도 에도의 소비에 의해 도시의 활력이 지탱되고 있었다. 막부 소재지이자 전국의 모든 다이묘가 모이는 인구 100만의 도시인 에도의 소비는 일본 경제를 떠받치는 기둥이었다.

인간이 한정된 공간에 밀집하면 의식주 각 방면에서 서로를 의식한 다양한 문화가 발달한다. '의료衣料혁명'이라 불린 면직물의 보급은 의복 문화를 혁명적으로 변화시켰다. 도시화는 여기에 더하여 의복의 용도가 몸을 가리고 추위를 막는 기능적 차원에서 벗어나 미의식, 개성 표출 도구로서의 성격이 강조되는 변화의 촉매 역할을 하였다. 상업의 발달로 돈이 돌자 서민들도 유행에 민감해지고 몸을 치장하는 데 돈을 쓰는 풍조가 나타난다. 화려한 비단옷으로 신분을 나타내던 상류층의 습성이 상류층의 전유물에서 벗어나 서민에게까지 확산되는 '패션의 대중화' 현상이 나타난 것이다. 부유한 상인층을 중심으로 고급 옷감과 화려한 의상 제작에 대한 수요가 늘자 고후쿠야吳服屋(포목점)가 도시 상업의 총아로 큰 매출을 올리며 성업한다. 면에 대한 수요가 늘어났고 고품질화에 대한 요구도 높아졌다. 좋은 품질의 면을 만들어주면 높은 값을 쳐주겠다는 시장의 오퍼offer는 얼마든지 있었다.

도시화는 의복 외에 다양한 면 소재 제품의 신규 수요를 창출하였다. 도시화에 따라 면을 소재로 하는 소비재 성격의 다양한 생활용품이 속속 등장하였다. 대표적인 예가 수건이다. 에도에는 서민들이 밀집하여 거주하면서 '센토錢湯'라는 공중목욕탕이 생긴다. 에도 서민들이 하루에도 두세 번씩 이용했다고 할 정도로 센토가 에도 전역에 퍼지고 목욕문화가 대중화되면서 몸을 닦는 용도의 수건 수요가 대폭 증가한다. 그에 수반하여 욕의浴衣가 유행하면서 면의 수요는 더욱 늘어난다. 수건은 생활용품을 넘어 패션용품으로 영역을 확대한다. 가부키 등의 영향으로 멋진 문구나 그림을 그린 수건을 장식용으로 옷 위에 걸치고 다니거나 벽에 걸어놓는 것이 유행이 되었다. 오늘날 일본 식당에 가면 벽에 걸려 있는 텍스타일 아트textile art들은 기본적으로 수건이다. 장식용 소품으로도 사용하고 직원들은 그 수건을 머리에 질끈 동여매고 일을 한다. 지금도 일본은 식당에 가면 물수건인 '오시보리お絞り'부터 나오고, 료칸에 묵으면 기념품으로 수건을 준다. 일본은 '수건문화'의 나라라고 해도 좋을 만큼 수건의 활용도가 높다. 면은 침구류 시장에도 일대 변화를 가져온다. 촉감이 좋

에도시대 센토 풍경을 담은 우키요에. 수건을 사용하고 화려한 일본식 욕의浴衣인 유카타를 입고 있다.

고 보온성이 뛰어난 특성상 이불속과 커버, 베갯잇, 방석 시장을 파고든 것이다. 아이들의 기저귀, 보따리 등 천을 사용하는 생활용품은 급속하게 면으로 대체되어갔고, 면의 수요는 증가일로를 걸었다.

'노렌暖簾 문화'라는 것도 있다. 구획을 구분하고 출입 통로에 거는 일종의 커튼 내지 가림막이다. 에도시대의 주거 형태는 침실, 거실 등 각 장소별 독립성이 완벽한 것이 아니어서 구획 구분을 위해 노렌을 걸어놓았다. 영업장에서도 손님의 프라이버시를 위해 노렌을 객석에 걸었다. 본래 차양遮陽, 출입구 표시 등을 위해 상점의 현관 앞에 걸어놓던 노렌은 상점이

거리에 즐비하게 늘어서고 경쟁이 치열해지자 마케팅적 관점에서의 중요성이 포착된다. 상점의 상호와 문양이 새겨진 노렌은 브랜드 마케팅의 도구로 그 상점을 대표하는 상징물이 되었다. 면은 염색 시 색 구현력과 표현성, 내구성이 뛰어난 소재이다. 상인들은 앞 다투어 질 좋은 면으로 원하는 색과 디자인의 노렌을 주문 제작하여 자신들의 상징으로 삼았다.

옷감으로서의 용도와 함께 다양한 생활용품으로서의 용도가 늘어나자 면포는 디자인의 대상이 된다. 염색, 의장意匠, 도안圖案이 가미되어 서로 차별화되고 개성을 갖는 미술art의 무대가 된 것이다. 면포에 디자인을 입히는 작업은 여러 전문가의 손길을 요한다. 디자인을 담당하는 전문가가 종이에 도안을 하여 원화를 넘기면, 판각 전문가가 그를 바탕으로 목판을 만들고, 염색 전문가가 최종적으로 색을 입혀 완성한다. 전문가 간 협업이 필요한 작업이다.

1784년 작가이자 우키요에 화가인 '산토 교덴山東京傳'은 장안의 내로라하는 염색 직인職人들을 불러모아 '다나구이아와세手拭合'를 개최한다. 요즘 말로 하면 디자인 콘테스트이다. 각 직인職人 그룹이 자신들의 명예를 걸고 머리를 싸매 멋진 디자인을 고안하고 그를 섬세하게 표현하기 위해 애를 쓴 작품을 출품하면 이를 전시하는 것이다. 교덴은 몇 차례의 콘테스트를 개최한 후 출품된 작품들을 모아 같은 이름의 기록집을 남긴다. 다나구이아와세는 단순 기록책자가 아니라 해당 작품을 삽화로 집어넣고 제작자와 디자인을 소개함으로써 상인들과 노렌 업자들이 서로

18세기 에도 신바시 거리의 모습. 즐비한 상점마다 노렌이 걸려 있다. 우타가와 히로시게의 『명소 에도 100경名所江戶百景』에서.

참고하며 주문·제작을 할 수 있도록 기획된 상업용 책자이다.* 이처럼 도시화와 상업화가 진전되면서 문화·예술적 욕구와의 상호작용을 통해 면은 새로운 시장을 계속 확대해나갔고, 그에 수반하여 직업의 세계도 계속 분화하고 전문화하였다.

---

* 일종의 B2B용 팸플릿 또는 카탈로그라고 할 수 있는데, 이러한 상업용 책자의 발간에서 에도시대 상업 발달의 일면을 엿볼 수 있다.

제13장

도시 서민문화의 진화:
패션의 유행과 '이키粹' 문화

도시화와 상업화의 진전으로 화려한 패션이 유행하고 고급 옷감 수요가 늘자, 생산자들은 기술 개발과 업그레이드에 박차를 가한다. 전통적 고급 소재인 비단과 함께 면도 고급화되었다. 옷감이 화려해진다는 것은 천에 색을 입히고 문양을 넣는다는 의미이다. 이를 위한 기법에는 직조織造, 염색, 자수刺繡의 세 가지가 있다. 공장제 수공업에 의한 옷감 제조가 일반적이었던 일본에서는 생산 기술로 차별화를 기하는 직조와 염색에 의한 고급화가 두드러졌다. 염색공예의 극치를 보여주는 교토의 교유젠京友禪, 다채로운 염색실로 정교하게 직조하는 교토의 니시진오리西陣織, 면직물 고급화의 가능성을 개척한 하마치리멘浜縮緬, 야마토가스리大和絣 등 지역을 대표하는 섬유 제품들이 시장에 쏟아졌다. 교유젠과 니시진오리는 특히 염색 산업과 상호작용을 하면서 시너지 효과를 일으켰다. 기존에는 염료의 한계로 천을 통째로 염료에 흠뻑 담구는 방식으로 염색하였으나, 염료의 발전에 따라 부분 염색이 가능해지자, 교유젠은 이러한 기술 발전을 바탕으로 오프셋off-set 방식이나 사람이 손으로 직접 그려 넣는 회화적 기법을 통해 기존에는 볼 수 없었던 화려하고 정교한 문양의 옷감을 생산하였다.

교유젠과 니시진오리를 필두로 고급 옷감의 산지인 교토 일대는 럭셔리 텍스타일 산업 메카가 되었고, 지역별로 특산품의 성격을 갖는 텍스타일 생산 거점이 다수 형성되었다. 에도는 이러한 고급 텍스타일 소비의 중심지였다. 에도에 모인 다이묘들은 교제와 선물용으로 고급 옷감을 수요하였고, 막부도 관복과 함께 공로자 포상, 하사품 등의 용도로 고급 옷감을 소비하였다. 부를 축적하는 조닌층의 증가로 민간 소비 여력이 확대된 상황에서 가부키 등의 대중공연문화가 성행하자 배우들의 복식을 흉내 낸 화려한 복장이 패셔니스타 사이에서 유행하였다.

가부키 배우들의 화려한 복장을 재현한 우키요에.

에도 여성들의 화려한 복장을 그린 우키요에. 기쿠카와 에이잔菊川英山 작.

규제와 간섭이 만들어낸 문화의 진화

에도의 패션 문화는 때때로 복병을 만났다. 동서고금을 막론하고 전근대의 통치권자들은 흉년, 기근, 자연재해 등으로 민심이 흉흉해지면 사회 기강 확립 등을 이유로 민간사회의 소비 분위기를 통제하려 드는 속성이 있다. 일본도 마찬가지였다. 막부는 수차례에 걸쳐 '사치금지령'을 발령한다. 절약, 절제, 금욕의 사회 분위기를 강조하면서 가장 먼저 옷차림부터 규제하였다. 소재, 형식, 색, 문양 모든 면에서 패션에 규제가 가해진 것이다.

막부의 사치금지령을 비슷한 시기 조선의 사치금지령과 비교하면 흥미로운 시사점을 얻을 수 있다. 유교의 영향이 강했던 조선도 사치금지령을 내려 화려한 의복을 규제하였다. 염색천의 소비가 늘면 염료의 소재가 되는 환금작물 재배량이 늘어나 미곡 등 식량 작물 재배에 영향을 미치게 된다. 소빙하기에 해당하는 근세에 기근, 흉작 등이 빈번했다는 점도 두 나라 정부의 의복 규제에 영향을 미쳤다. 같은 규제였지만 사치금지령은 조선보다 일본 사회에 더 영향이 컸다. 조선인들은 의복색 규제와 관계없이 아예 염색을 하지 않고 면포를 표백, 탈색하여 흰옷을 입고 다니는 데 문제가 없었기 때문이다. 조정은 상복喪服으로나 입는 백의白衣를 평소에 입고 다니는 것은 예禮에 맞지 않다고 하여 흰옷을 규제하였으나, 시간이 흐를수록 양반·평민을 가리지 않고 흰옷은 더욱 선호되고, 평상복의 대세가 되었다. 백의 선호는 조선의 염색 기술을 답보 상태에 머물게 하는 원인이 되었다. 염색천은 제대로 시장이 형성되지 못하였고, 기술자들은 관청에 예속되어 기술적·예술적 자율성이 제약되었다.

　막부의 의복 규제는 조선보다 구체적이었다. 의복의 색을 쥐색, 차茶색, 남색의 3색으로 제한한 것이다. 이로 인해 천편일률적인 의복문화가 될 수도 있었지만, 에도시대의 패션 문화는 퇴보가 아니라 다른 방식으로 적응하며 진화의 길을 걷는다. 삼도三都를 비롯하여 경제적으로 여유가 있는 도시민들은 여전히 패션을 통해 개성, 지위, 재력을 나타내고 싶어 했다. 자신을 꾸미고 가꾸고 싶어 하는 욕구는 규제로 억제될 수 있는 것이 아니었다. 쥐색, 차색, 남색의 3색만 허용되는 제약 조건 안에서 차별화된 미감美感, 개성을 찾는 것이 패셔니스타들의 관심사가 되었다. 그리하여 탄생한 색 관념이 '사십팔차백서四十八茶百鼠'이다.

　'사십팔차백서'에서 보여주는 색관념의 핵심은 '미묘함'이다. 이를테면 쥐색이라도 다 같은 쥐색이 아니다. 명도와 채도에 따라 미묘한 차이가 있고 그 미묘한 차이에 따라 '색감色感'이라는 주관적 요소가 영향을 받는다. 주관적 감성이 작용하는 '미묘함의 발견'을 통해 일본의 패션 시장은 규제의 테두리 안에서 적응하고 진화한다. 사십팔차백서란 48가지의 차색과 100가지의 쥐색이라는 말이다. 실제 48색, 100색이 아니라 다채로운 연관색, 유사색이 있음을 지칭하는 상징적 의미이다. 48과 100이라는 숫자가 대변하듯이 현대 먼셀표색계를 뺨치는 그러데이션gradation과 중간색, 혼합색을 활용한 옷감이 속속 시장에 등장하여 유행의 사이클을 타며 일본인의 색감을 자극하고 미의식을 계발하였다.

이때부터 일본에서는 같은 듯 같지 않고 다른 듯 다르지 않은 미묘한
색을 구분하기 위하여 색을 표현하는 단어가 발달한다. 남색을 예로 들면
농담濃淡과 자청록紫靑綠의 기미氣味에 따라 연하늘색부터 짙은 남색까
지 미묘한 차이를 구분하는 기표記表가 발달한 것이다.[*] 또한 업계에서는
빨주노초파남보의 원초적 명칭을 넘어 혼합색 또는 중간색 하나하나에
관념적 상징과 아이덴티티를 부여하는 작명법이 고안된다. 이를테면 살
짝 붉은 기를 띠는 발랄한 차색은 '에도차이로江戶茶色', 노란 기가 감도
는 차분한 차색은 '리큐차이로利休茶色', 짙은 녹색이 가미된 고급스런 차
색은 '치토세차이로千歲茶色' 등으로 명명하는 것이다.

　이러한 작명법이 업계에서 점차 통일되고 표준화되자 시장은 더욱 활
성화된다. 생산자와 소비자 간에 추상적인 색감이 아니라 표준화된 색채
(샘플)에 기반하여 거래를 할 수 있게 된 것이다. 미묘한 색채를 표현하기
위해 염료 산업도 더욱 발전하였다. 염료 제조는 당시로서는 첨단 화학산
업이다. 천연소재를 사용하여 색 구현력과 내구성을 높이기 위해 발효,
중합重合 등의 공정이 발전하였다. 합성염료가 등장하기 이전에 천연염
료 산업 생태계가 구축된 것은 근대 화학산업을 이해하고 받아들이는 기
초가 되었다. 기술이 뛰어난 염료전문가들이 높은 생산성의 소중한 기능
인으로서 우대되었음은 물론이다. 일본인들은 지금도 쥐색, 차색, 남색에

---

[*]　한국어에는 해당하는 단어가 없기 때문에 원어로 표기하면 다음과 같다. (연한 색에서 짙은 색 순)
"藍白(＝白殺し)→水縹→瓶覗き(かめのぞき)→水淺葱→淺葱(あさぎ)→薄縹→薄藍→花淺
葱→淺縹→縹(はなだ)→納戶→熨斗目(のしめ)→藍錆(あいさび)→藍→鐵→紺藍→紺(＝
留紺, とまり紺)→搗(かち, 褐)→紫紺→藍鐵→搗返し→濃紺."

기반한 미묘하고도 다채로운 혼합색을 '일본의 전통색'으로 생각하고 있으며, 이러한 색채 관념은 현대 일본인의 의복 생활, 패션 감각에도 이어지고 있다.

막부 규제에 대한 적응은 색뿐만 아니라 무늬에서도 생겨난다. 막부의 규제는 집요해서 무늬의 크기, 모양, 색까지 일일이 규정을 만들어 단속하였다. 에도의 패셔니스타와 옷쟁이들은 그러한 규제 속에서 멋과 개성을 찾기 위해 멀리서 보면 무늬가 없는 것〔無地〕처럼 보이거나 수수한 무늬이지만 가까이서 보면 세련되고 정치한 미세微細 무늬가 전면에 펼쳐

에도코몬을 정교하게 표현한 우키요에. 멀리서 보면 단색이지만 가까이서 보면 세밀한 문양이 인쇄되어 있다.

져 있는 옷감을 개발한다. 소위 '에도코몬江戸小紋'이라고 하는 것이다. 에도코몬은 '가타가미形紙'라고 하는 템플레이트template를 사용하여 제작한다. 여러 번 염료를 발라도 손상되지 않는 두껍고 질 좋은 종이에 보통 사람의 눈에는 보이지도 않을 정도의 미세한 구멍을 내어 일종의 점묘법點描法 효과를 통해 무늬를 구현하는 방식이다. 천공 시에는 반원 모양의 송곳칼로 미세하게 힘 조절을 하며 구멍의 크기를 달리하여 원근감과 입체감을 표현하는 고도의 기술이 사용된다.

'이키'의 미의식, 심플한 세련됨을 추구하다

막부가 강제로 억누를수록 샘물처럼 샘솟는 서민들의 자기표현 방식은 하나의 문화를 형성한다. 에도 서민들의 미의식을 대표하는 '이키粹' 문화가 그것이다. '이키'의 사전적 의미는 '담백하고 세련되어 촌스럽지 않은 모습을 일컫는 말. 외모, 옷차림뿐만 아니라 행동거지, 태도, 교양 등을 통해 내면이 자연스럽게 표출되면서 드러나는 멋'이다. 일본인들은 '이키'라는 말을 들으면 '심플함 속에서 풍겨 나오는 세련됨', '내면의 절제와 태도의 여유', '모자람이나 과함이 없는 자연스러움' 등을 연상한다고 한다. 즉 드러내 보이는 화려함보다 소박하고 단아하지만 내면의 여유를 느낄 수 있는 멋이라는 것이다.

이키와 비슷한 말로 '이나세鯔背'라는 말도 있다. '무뚝뚝한 것처럼 보이지만 인위적인 꾸밈이 없고 의협심과 배려심이 있는 기풍氣風'을 의미한다고 하는데, 외국인이 언어로서 그 정서를 이해하는 것은 어려운 일이고, 군이 현대어로 번역하자면 'chic' 정도의 의미라고 할 수 있을 듯하다. '사십팔차백서'나 '에도코몬'에서 보이는 미묘함, 수수함 뒤에 숨은 고집스러움 등의 미적 감각은 에도 서민의 '이키데이나세' 미의식이 발달하는 데에 중요한 요소로서 작용하였다. 이러한 이키의 미의식은 현대에도 이어져 화려하지 않으면서도 심플한 세련됨을 추구하는 일본인들의 독특한 취향과 패션 감각은 세계적으로 정평이 나 있다.

위에서 살펴본 바와 같이 유사한 정부의 규제 또는 간섭의 환경하에서 조선과 일본의 옷감이 걸은 적응의 길은 달랐다. 중국에는 '위에 정책이 있으면 밑에는 대책이 있다上有政策 下有對策'는 말이 있다고 한다. 정부의 불합리한 규제가 있어도 민간은 알아서 그에 적응하며 먹고살 길을 찾는다는 뜻이라고 한다. 목면의 보급은 조선과 일본 모두에게 엄청난 도약의 기회를 제공하였다. 물질로 인간 생활에 이로움을 더하는 것은 물론, 생산·소비의 사이클을 통해 사회를 촘촘하게 조직화하고, 그 과정에서 문화를 생성시킬 수 있는 절호의 찬스였던 것이다. 조선이 실현한 면의 가능성은 제한적인 것이었다. 사실은 그 기회를 제대로 살리지 못했다고 함이 더 솔직한 고백일 것이다.

도입에 뒤처졌던 일본은 놀라운 속도로 목면이 제공하는 기회를 자기 것으로 만들고 도약의 발판으로 삼았다. 목화씨가 조선 땅에 일본보다 100여 년이나 앞서 면의 혜택을 전했지만, 면으로 일상생활을 풍요롭게 하고 유희를 즐기며 세련된 미의식을 키우는 문화에 먼저 도달한 것은 일

본이었다. 그 원동력은 도시화에 따라 계속적으로 창출되는 민간의 수요
와 소비력이었다.

제14장

문화에서 산업으로, 도자기 대국의 탄생

임진왜란과 정유재란은 일본어로 '분로쿠·게이초의 역文祿·慶長の役'이라고 한다. 도요토미 히데요시의 망상이 가져온 이 전쟁을 일본에서는 '도자기 전쟁'이라고 부르기도 한다. 전쟁 통에 일본에 건너온 조선의 도공들에 의해 고급 도자기 기술이 전수되었기 때문이다. 일본은 도자기 공예工藝가 대단히 발전한 나라이다. 도자기 시장 규모도 세계 톱을 다툰다. 일본 공예 문화의 최고봉이라고 일컫는 그 문화의 시발점이 된 것이 임진란과 정유란이니 일본인들에게는 전쟁의 경과나 승패보다 도자기 기술 전수라는 결과가 몇 배 더 중요할 법도 하다. 한국에서는 이것을 두고 (조선의 도공들을 끌고 갔다는 것에 대한 분노와 함께) 문화적 우월감을 느끼는 사람들이 많다. 역시 일본은 조선의 문물을 받아 발전하였다는 것이다. 우월감을 느끼는 것은 좋으나, 먼저 일본으로 건너간 조선의 도자기 기술

이 어떠한 발전과정을 거쳤는지를 알면 좋을 것이다.

임진란·정유란 시기에 도일渡日한 조선의 도공들은 주로 규슈 북부 일대에 터를 잡는다. 가장 먼저 도자기를 빚기 시작한 곳은 '히젠노쿠니肥前國'이다. 지금의 사가현과 나가사키현 일대에 해당하는 지역이다. 히젠에는 일본식 재래 요窯가 산재해 있었다. 이 일대에서 생산된 토기土器를 '가라쓰도키唐津土器'라고 한다. 도기를 생산하기는 했지만 당시 일본의 기술은 조선에 비할 바가 못 되었다. 조선 출신의 도공들이 이 지역에 흩어져 도기를 빚기 시작하자 '가라쓰야키唐津燒'는 큰 호평을 받으며 인기를 모은다. 특히 각광을 받은 것은 당시 무가의 필수품인 차항아리, 찻잔 등의 다기茶器였다. 임진란에 '도자기 전쟁'이라는 별명이 붙을 정도로 조선을 침공한 다이묘들이 조선의 도공을 탐낸 이유는 수준 높은 다기에 대한 수요 때문이었다.

다도의 유행과 도자기 전쟁

일본의 도자기문화는 차茶문화와 불가분의 관계에 있다. 일본은 당시 차문화가 지배층에서 대유행하며 다도茶道로 격식을 갖춰가고 있었다. 9세기 당나라에서 유입된 차를 마시는 습관은 불가佛家의 문화였으나 무로마치시대를 거치면서 무가에 퍼져 점차 예禮와 미의식을 담은 문화의 정수精髓로 자리 잡는다. 일본의 차문화 융성에 있어 결정적인 시기가 '아

즈치·모모야마安土桃山*시대이다. 오다 노
부나가와 도요토미 히데요시 두 최강 권력
자는 다도에 흠뻑 빠졌고, 두 사람의 다도
스승이자 차성茶聖이라 불린 센노 리큐千利
休는 다도에 '와비佗び' 정신이라는 고결함
의 미의식과 '이치고이치에一期一會'의 철
학적 의미를 부여하여 다도를 일종의 행위
예술로 완성하였다. 당시의 다도는 단순히
차를 마신다는 의미가 아니었다. 다도는 가
장 높은 수준의 문화적 행위이자, 사회적 지
위를 나타내는 표상이었다.

차성茶聖이라 불린 센노 리큐(1522
~1591년)의 초상화.

　다도가 지배층에서 유행함에 따라 다구茶
具는 특별한 가치를 지니는 지배층의 최선

호품이 되었다. 중국과 조선에서 수입된 다구들은 '가라모노唐物'로 불리
며 명물로 취급되어 억만금을 주고라도 소유하고자 하는 동경의 대상이
되었다. 임진란은 이러한 일본 지배층의 고급 다구에 대한 하늘을 찌르는
수요를 시대적 배경으로 하고 있었다. 고급 다구를 손에 넣으면 엄청난
경제적 이득을 취할 수 있었다. 조선을 침공한 다이묘들이 선진 도자기

＊　오다 노부나가와 도요토미 히데요시가 덴카비토天下人로 절대 권력을 누리던 시기. 연도상으로는
일반적으로 1573~1603년 사이를 말한다. 노부나가의 본거지인 아즈치성과 히데요시의 본거지인 모
모야마성에서 비롯된 이름이다.

기술 획득에 혈안이 되어 있었던 것은 그 때문이었다.

임진란 이후 1610년대까지 생산된 가라쓰야키는 인기를 누리기는 하였지만, 아직 도기의 수준을 벗어나지 못했다. 중국이나 조선에서 생산되는 자기磁器에 비하면 몇 수 아래였다. 규슈 북부 일대에 조선 도공들이 터를 잡은 지 십수 년이 경과하면서 기존의 가라쓰야키를 훌쩍 뛰어넘는 고품격 도자기들이 생산되기 시작한다. 가장 먼저 두각을 나타낸 도자기가 '아리타야키有田燒'이다. 아리타야키의 등장은 일본의 도자기 역사에 한 획을 긋는 일대 사건이었다.

도자기의 신, 이삼평

'아리타야키'라는 이름은 사가佐賀번의 아리타有田라는 지명에서 유래하였다. 사가번은 영주의 성을 따서 나베시마鍋島번이라고도 한다. 번조藩祖인 나베시마 나오시게鍋島直茂는 조선 침공 시 인신을 확보한 조선 도공들을 영지로 송환하는데, 그중에 이삼평李參平이라는 인물이 있었다. 이삼평은 아리타야키의 창시자로, 일본에서는 '도조陶祖', '도자기의 신神'으로 추앙받는 인물이다. 이삼평은 정착 초기에 가라쓰에 자리를 잡고 도자기를 굽지만 만족스러운 도자기가 만들어지지 않아 고심한다. 문제는 원료였다. 일본의 화산재가 섞인 흑토黑土는 질 좋은 자기 제조에 적합하지 않았다. 이삼평은 사가번 일대를 답사하다가 1616년 아리타 인근 이즈미야마泉山에서 질 좋은 자석광磁石鑛을 발견한다. 자석은 가오링高

嶺*이라고도 하며, 자기 생산에 필수적인 광석이다. 이삼평은 양질의 도토陶土, 풍부한 땔감, 깨끗한 물의 3박자를 갖춘 아리타의 시라가와白川에 조선식 가마를 짓고 도자기를 굽는다. 후에 덴구다니요天狗谷窯라고 불리게 되는 전설적인 가마이다. 덴구다니요에서는 표면이 유리처럼 반짝이는 뽀얀 우웃빛깔의 그릇이 구워졌다. 일본 최초의 자기가 탄생한 것이다.

도기와 자기의 기술적 차이는 엄청난 것이다. 현대 전자공학으로 치면 트랜지스터가 IC 칩으로 교체되는 것 정도의 임팩트에 비유할 수 있다. 17세기 초반 시점에서 자기를 생산할 수 있는 나라는 중국, 조선, 베트남밖에 없었다. 유럽조차도 자기를 만들지 못하였다. 이제 일본이 그 대열에 합류하게 된 것이다. 당시 나오시게는 모시던 군주를 하극상으로 몰아내고 권력의 실세가 되었으나 아직 봉토를 정식으로 인정받지 못하는 상황이었다. 나베시마가家는 구영주 세력의 반발을 무마하고 막부의 지지를 얻기 위해 중앙 정가에서의 정치력이 필요했다. 험난한 과제를 앞에 두고 있던 나베시마가에게 일본 최초의 자기 생산은 일대 호재였다. 나베시마가는 이삼평의 자기 생산을 사활을 걸고 지원한다.

이삼평은 창의력이 뛰어나고 생산관리 능력이 출중한 사람이었다. 유백색의 자기에 예술성을 더하기 위하여 청화백자 디자인을 도입한다. 자기의 표면에 중국에서 수입한 코발트 계열의 안료顔料로 푸른 물감을 만

---

* 중국의 경덕진景德鎭에서 자기가 생산된 것도 인근의 가오링高嶺이라는 곳에서 자석이 생산되었기 때문이다.

좌: 초기 이마리야키 다기. 우: 도자기의 신 이삼평의 비.

들어 당시 일본 지배층이 선호하던 중국풍 그림을 그려 넣고,* 높은 온도로 그릇을 구워냈다. 대륙의 수입품에서나 볼 수 있던 매끄럽게 빛나는 표면 위에 신비로운 푸르름을 머금은 고풍스러운 그림이 그려진 아리타야키는 단숨에 일본 지배층의 관심을 모으고 인기를 끌게 된다. 이삼평의 자기는 나베시마번의 황금알을 낳는 거위가 되었다. 이삼평은 조선과 중국의 방식을 참고하여 분업 생산 방식을 고안한다. 태토胎土 채취부터 반죽, 성형成形, 시문施紋, 소성燒成에 이르기까지 일사불란한 분업체계가 구축되자 아리타야키의 생산성은 비약적으로 높아지고 품질은 더욱 향상

---

* 이러한 기법을 일본어로 소메쓰케染付라고 한다.

되었다.

아리타야키가 유명세를 타자 규슈 일대의 일본인 도공들이 아리타 근처에 몰려들어 조잡한 품질의 도자기를 생산하는 요가 난립하였다. 요업窯業의 필수 자재인 땔감이 빠르게 소진되고 남벌濫伐로 주변 산이 민둥산이 되어가자 나베시마번은 특단의 조치에 나선다. 1638년을 기해 아리타 일대의 일본인들을 내쫓고 기술 유출을 방지하기 위해 외부인들이 아리타 근처에 얼씬도 못하게 하였다. 나베시마가의 이삼평에 대한 신뢰는 절대적인 것이었다. 이삼평은 번으로부터 '가나가에 산베에金ヶ江三兵衛'라는 일본명의 사용을 허락받는다.* 성姓을 허락받은 것은 일가를 이룰 수 있다는 것을 의미한다. 1655년 이삼평이 세상을 떠나자 덴구다니요 부근에 그의 묘비가 세워지고, 1658년 그를 신으로 모시는 스에야마陶山 신사가 건립되었다. 나베시마번 사람들은 최대한의 예우를 다하여 이삼평의 공적을 기렸다.

진화하는 아리타야키

1650년대가 되자 조선에서 건너온 도공 1세대들은 거의 세상을 떠나고 아리타야키도 변화의 시대를 맞이한다. 1610～1640년대 사이에 생산된

---

* '金ヶ江'는 이삼평이 출신지인 충청도 금강錦江의 명칭을 따 창성創姓한 것이라고 한다. 아직도 일본에는 가나가에 성씨가 남아 있다.

아리타야키를 '초기 이마리'*라고 한다. 초기 이마리는 조선의 기술과 솜씨, 중국의 디자인, 그리고 일본 지배층의 후원이 상호 작용하여 탄생한 국제적 결합의 산물이다. 이마리야키가 조선의 직접적 영향하에 있던 것은 여기까지이다. 이후 아리타야키는 독자적인 길을 걷기 시작한다.

일단 자기가 생산되기 시작하자 일본 특유의 '이이토코도리いいとこ取り'** 정신이 발휘된다. 초기 이마리는 청화 방식, 즉 본체 성형 후 초벌구이 없이 바로 그림을 그려 넣고 유약을 발라 굽는 소메쓰케 방식으로 만들어졌다. 자기 표면에 은은하게 번지는 청화 문양은 아름다웠지만, 문양의 선명도를 높이는 데에는 한계가 있었다. 중국에서는 청화자기에서 벗어나 다양한 색을 사용하는 오채五彩자기로 업그레이드되고 있었다. 색이 다양해지면서 그림을 그려 넣는 기술이 업그레이드된다. 초벌구이를 한 다음에 문양을 그려 넣고 유약을 발라 재벌구이를 하여 완성하는 채색회화 방식이다. 이로 인해 문양의 정교함과 선명함이 극단적으로 향상되었다. 아리타 지역에서는 1640년대부터 이러한 중국의 기술을 적극적으로 채용한 채색회화 자기***가 생산되기 시작한다. 이 시기에 생산된 다채로운 색과 정교한 문양의 자기를 일본에서는 '고쿠타니古九谷' 양식이라고 한다. 고쿠타니 양식의 유행은 아리타야키요窯 간에 본격적인 기술 경쟁 시대의 서막을 알리는 예고였다.

---

* 이마리伊萬里는 아리타 인근의 항구 이름이다. 아리타야키가 이곳을 통해 유통되었기 때문에 아리타야키를 이마리야키라고도 한다. 특히 유럽에 수출되는 아리타야키는 이마리야키로 알려졌다.
** 좋은 것은 가리지 않고 취하여 이롭게 함.
*** 이를 일본에서는 소메쓰케와 구분하여 '이로에色繪' 방식이라고 한다.

1650년대 들어 명·청 교체기라는 국제정세의 변화를 맞아 국제 도자기 시장이 요동을 치면서 일본 도자기는 새로운 도약의 기회를 맞는다. 당시 청을 적대시하며 복명復明운동에 앞장서고 있던 정성공鄭成功은 동중국해 일대의 해상권을 장악하고 해상무역으로 부를 축적하면서 힘을 키우고 있었다. 1655년 청나라는 정성공을 견제하기 위해 해상 교역을 차단하는 해금령海禁令을 발령한다. 청의 조치에 엉뚱하게 타격을 입은 것은 네덜란드의 동인도회사였다. 중국 도자기를 유럽에 수출하는 것이 큰 수익원의 하나였던 동인도회사는 중국 도자기의 유통 중단으로 큰 타격이 예상되자, 대체품으로 이마리야키에 눈을 돌린다. 네덜란드 동인도회사는 이미 1650년에 이마리야키를 베트남 왕실에 납품하면서 이마리야키의 상품성에 주목하고 있었다. 1659년부터 대량의 이마리야키가 네덜란드 동인도회사를 통해 유럽과 중동 일대에 수출되기 시작한다. 이때부터 18세기 초반까지 약 50년 동안 이마리야키는 유럽의 도자기 시장을 석권하며 황금시대를 구가한다.

이때 유럽에 수출된 이마리야키는 초기 이마리와는 완전히 성격을 달리하는 '가키에몬柿右衛門' 양식이 주를 이루었다. 사카이다 가키에몬酒井田柿右衛門을 원조로 하는 가키에몬 방식은 청靑·적赤·황黃·녹綠 등 다채로운 색을 사용하고, 중국풍에서 벗어난 일본 고유의 회화와 문양을 정교하게 그려 넣은 것이 특징이다. 세밀한 정교함과 정제된 화려함을 특징으로 하는 가키에몬 양식의 이마리야키는 유럽의 왕족과 귀족들의 취향과 딱 맞아떨어져 유럽 시장에서 소위 '대박'을 터뜨린다. 당시 유럽은 장엄함과 화려함을 강조하는 바로크와 로코코 시대를 맞아 왕실들이 경쟁적으로 궁전 장식에 오리엔탈리즘을 가미하고 있었다. 중국과 일본의 도자기는 별도의 방을 만들어 전시할 정도로 인기품목이었다. 특히 아리타산 대형 항아리, 화병, 스모 인물상 등으로 구성된 세트가 레귤러 장식품으로 선호되면서 날개 돋친 듯 팔렸다.

17세기 후반이 되면서 이마리야키는 주시장인 유럽인의 기호에 맞추기 위해 화려함을 더해간다. 금색과 적색 안료를 풍부하게 사용하는 중국의 '금란수金襴手' 양식을 더한 17세기 말의 이마리야키는 호화로움의 극치였다. 이러한 당시 이마리야키 작품들은 독일의 샤를로텐부르크Charlottenburg궁전, 노이슈반슈타인Neuschwanstein성, 영국의 버글리 하우스Burghley House, 프랑스의 베르사유Versailles궁전 등에 아직도 그 자취가 잘 남아 있다. 이마리야키는 중국의 경덕진 도자기에 필적하는 최고급 자기로 대접받았고, 유럽의 자기 발달에도 큰 영향을 미쳤다. 유럽은 17세기까지 자기를 만들지 못하다가 1709년 독일의 작센 지방에서 처음으로 카오리나이트(고령석)를 사용한 경질硬質 자기 생산에 성공한 이후에야 비로소 자기 산업이 발전하기 시작했다. 이 작센 지방의 자기 공장이 세계 3대 도자기회사의 하나로 불리며 초고가 자기로 유명한 독일의 마이센Meissen 도자기의 출발점인데, 초기 마이센 자기는 형태·문양 등에서 이마리야키의 영향을 크게 받은 것으로 알려져 있다.

좌: 가키에몬 양식의 항아리(17세기 말).
우: 나베시마야키(17세기 말 또는 18세기 초).

하이엔드부터 보급형 자기까지

금란수 기법까지 도입하며 호화로움을 강조한 이마리야키는 요즘말로 하면 수출전용 상품이었다. 일본 국내시장은 상황이 달랐다. 일본 내에서 최고의 명성을 얻은 이마리야키는 '나베시마야키'였다. 나베시마야키는 나베시마번이 직접 관장하는 번요藩窯에서 생산된 제품을 말한다. 나베시마번은 이삼평의 자기 생산 이래 쇼군가에 최고급 자기를 헌상하면서 번세藩勢를 키워왔다. 번이 직접 요를 설립하여 자체 소비용과 쇼군 헌상 및 다이묘 증정용 극상품을 생산한 것인데, 비용을 생각하지 않고 오로지 품질에 만전을 기하여 생산된 제품들이기에 지금도 일본의 도자기 역사에서 최고봉의 하나로 손꼽힌다.

기술 유출 방지를 위한 엄격한 통제와 비싼 가격으로 인해 아리타 일대에서 생산되는 자기들은 유력 무가나 호상들의 기호품에 머무른 채 쉽게 대중화되지 못하였다. 그러나 18세기에 접어들면서 삼도三都를 비롯한 도시부의 민간 소비력 증대를 배경으로 다소 투박하고 정교함이 덜한 중저가형 자기가 민간에도 서서히 보급되기 시작하였다. 19세기 초반에 기술이 유출되어 아리타 이외의 지역에서 자기가 대량 생산되기 시작하자, 자기로 만든 다기, 식기, 화병 등이 폭넓게 유통되면서 점차 서민들의 생활에 밀착되어갔다. 일반 가정과 식당에서도 자기 식기를 사용하는 것이 드물지 않을 정도였다. 19세기 중반 이후 일본에는 수출시장과 내수시장의 특성에 따라 제품이 차별화되고, 수요에 따라 하이엔드 제품과 보급형 제품이 다양하게 공급·유통·소비되는 대중소비 시장이 형성된다.

제15장

도자기 산업의 발달사:
'예술의 후원'과 치열한 경쟁

1854년 '개항開港'이라는 일대 격변의 시대를 맞아 아리타야키는 다시 한 번 도전에 직면한다. 막부 정부가 서구 여러 나라와 체결한 수교 조약에 따라 막부가 관리하는 유일한 대외 창구였던 데지마 외에도 요코하마, 고베 등지에 서양인의 상관商館이 설치되고 교역 채널이 다양화되었다. 영국, 프랑스, 네덜란드 등의 상인들이 독자적으로 아리타야키 수입에 나서면서 유럽 시장에 적합한 서양식 식기 제작을 생산자들에게 주문하기 시작하였다. 일본식 도자기가 아니라 서양 식문화에 맞춘 찻잔, 접시, 주전자, 화병 등이 주요 품목이었다. 한 번도 만들어보지 못한 형태와 문양의 그릇을 생산하는 것은 쉬운 일이 아니다. 시대 변화에 적응한 요는 살아남았고 그렇지 못한 곳은 도태되었다. 엎친 데 덮친 격으로 1871년 '폐번치현'은 아리타 일대의 요들에게 큰 충격을 안겼다. 번이 폐지됨에 따라 기존에 번의 비호를 받으며 주문 생산에 전념하던 요들이 이제는 완전히 홀로서기를 해야 했기 때문이다. 위기와 혼란의 상황 속에서 아리타의 요들은 품질 향상에서 답을 찾는다. 유럽 시장에서 선호되는 더 희고 얇은 본체에 정교함이 극에 달한 세공 문양을 넣어 좀 더 경쟁력 있는 품질과 디자인의 완성도를 높이면서 생산 방식의 합리화와 기술 축적에 진력하였다.*

만국박람회로 판로를 뚫다

막번체제 붕괴 이후 국정의 주체가 된 중앙정부의 가장 큰 고민은 막대한 대외수지 적자였다. 개항 이후 영국의 값싼 면제품은 국내 면직물 산업에 괴멸적 타격을 가했고, 십수 년에 걸친 수출입의 불균형으로 국제수지는 크게 악화되어 국부 유출이 심각한 상황이었다. 이러한 상황을 타개하기 위해 수출 증진이 시급했던 일본 정부는 당시 문명개화국 클럽의 상징이었던 만국박람회(EXPO)를 수출 진흥의 돌파구로 설정하고 국가의 총력을 기울여 참가를 준비한다. 일본 정부는 1873년 오스트리아 빈 만국박람회를 공식 데뷔 무대로 삼는다. 일본 정부는 1300평의 부지에 일본식 신사와 정원을 조성하고 일본 각지에서 엄선된 공예품과 물산을 전시하였다. 그중에는 아리타야키가 대표 상품으로 포함되어 있었다. 빈 박람

---

* 이 시기에 시대 변화에 적응하여 탄생한 화양和洋 융합의 아리타야키를 '메이지이마리'라고 한다.

빈 만국박람회에 출품된 메이지이마리 양식의 아리타야키.

회 준비 책임자였던 오쿠마 시게노부大隈重信 공무대신(현재의 통산대신)
을 비롯하여 빈 현지 책임자인 사노 쓰네타미佐野常民 전권공사는 모두
사가현 출신이었다. 이들은 아리타야키의 가능성에 대해 누구보다 확신
을 갖고 출품을 적극 지원하였다.

　결과는 대성공이었다. 박람회 위원회에서 선정한 명예 대상을 수상할
정도로 아리타야키는 큰 인기를 모았다. 여기에는 한 가지 비결이 있었
다. 박람회 출품을 의뢰받은 아리타의 제작자들은 서양 전문가들의 조언
을 받아 관람객들의 시선을 한눈에 끌 수 있도록 초대형 도자기를 만드는
전략을 택한다. 사이즈가 커질수록 성형과 소성 과정에 어려움이 있기 때

빈 만국박람회 일본관. 아리
타의 도예가들은 기술력을 인
정받을 수 있는 초대형 화병
을 만들어냈다. 높이가 2미터
에 달하는 대형 화병과 세밀
한 문양이 돋보이는 화려한
자기들은 박람회 관람객들로
부터 큰 인기를 모았다.

문에 일정 크기 이상의 자기를 만드는 것은 지난한 일이었지만, 기술적 난점이 있는 만큼 초대형 도자기를 만들 수만 있다면 기술력을 인정받을 수 있었다. 아리타의 도예가들은 일본을 대표하는 최고의 전시품을 제작하겠다는 일념으로 악전고투 끝에 기어이 거대한 사이즈의 작품들을 완성한다.

일본 파빌리온에 진열된 전체 길이 2미터에 이르는 초대형 화병은 당시 서구인들도 본 적이 없는 놀라움의 대상이었다. 사이즈에서 여타 국가의 도자기를 압도하며, 예술성과 화제성의 두 마리 토끼를 잡은 아리타의 자기들은 관람객들의 찬사를 받으며 일약 일본 파빌리온 최고의 인기 전시물이 되었다. 당시 만국박람회는 요즘의 위상과는 비교할 수 없는 엄청난 국제행사였다. '교육과 문화'를 주제로 개최된 빈 박람회에는 수백만 명의 유럽인 관람객이 다녀갔고, 아리타야키를 비롯한 일본의 회화·공예품은 관람객들의 뇌리에 강렬한 인상을 남겼다.* 박람회 내내 화제를 불러 모았던 만큼 아리타야키는 상업적으로도 큰 성공을 거둔다. 참가단이 준비해간 찻잔, 접시 등의 소품류가 현장에서 불티나게 팔리고, 일본 국내에 추가 주문이 쇄도하였다. 1872년 4만 5000엔이었던 일본의 도자기 수출액은 빈 박람회가 개최된 1873년에는 11만 6000엔으로 2.5배 이상 폭발적으로 증가한다. 빈 박람회에 출품된 아리타야키는 일본의 도자기 수출 전체를 견인하는 위력을 발휘하였다.

---

* 당시 빈 만국박람회를 통해 높아진 일본 문화에 대한 서구인들의 관심은 유럽 예술계에 '자포니즘 Japonism' 유행의 기폭제가 되었다.

박람회 폐막 후 영국의 한 사업가가 일본 파빌리온의 일본식 정원을 통째로 뜯어서 구매하고 싶다고 제안하면서 주최 측에 보증서certificate를 요구한다. 일본 정부는 현지에서 '기립공상회사起立工商會社'라는 반관반민 성격의 무역회사를 급조하여 보증서를 발급하였다. 급조된 조직으로 출발했지만 회사 형태 조직의 유용성을 체험한 관계자들은 이듬해 도쿄에 사무소를 개설하고 공예품과 미술품을 위주로 일본 물산을 해외에 수출하는 업무를 본격적으로 추진한다. 일본식 무역진흥공사(JETRO)의 원형이었다.

민관학 공동 체제로 해외시장을 개척하다

아리타에서도 시대의 변화에 적응하기 위한 자구 노력이 진행된다. 가장 영향력 있는 요의 책임자와 사업가들이 모여 1875년 '고란샤香蘭社'라는 합본合本단체를 설립한다. 일본 최초의 회사형 결사結社라고 일컬어지는 영리조직이다. 1876년 미국 필라델피아에서는 독립 100주년을 기념하는 박람회 개최가 예정되어 있었다. 고란샤는 떠오르는 경제대국인 미국 시장을 겨냥하여 필라델피아 박람회 참가에 강한 의욕을 갖고 있었다. 하지만 일본 정부는 국내외적인 사정으로 필라델피아 박람회에는 참가하지 않는다는 방침이었다. 빈 박람회의 경우처럼 정부의 비용으로 참가하는 방안은 좌절되었지만, 고란샤는 일본 정부의 주선으로 자비 참가의 기회를 얻게 된다.

고란샤가 전시품 생산 및 납품, 기립공상회사가 참가 및 판매 대행 업무를 분담하면서 해외 진출의 효율성이 크게 높아졌다. 필라델피아 박람회에는 빈에서의 경험을 바탕으로 더욱 섬세하고도 대담한 디자인으로 업그레이드된 작품들이 출품되었다. 고란샤의 아리타야키들은 필라델피아에서도 큰 호평을 받으며 금상을 수상하는 쾌거를 거둔다. 여기에도 비결이 있었다. 빈 박람회 폐막 후 참가단 중 일부는 유럽에 남아 선진 도자기 제작 기술과 최신 동향을 수집한 후 귀국하여 이를 일본의 도자기 생산자들에게 전파하였다. 메이지 정부는 이러한 최신 유럽 정보를 취합하여 생산자들이 제품 디자인에 참고할 수 있도록『온지도록溫知圖錄』이라는 디자인 레퍼런스북을 발간하여 배포하였다. 필라델피아 박람회에 출품된 아리타야키는 이러한 민관학 공동 노력의 산물이었다.

때마침 비슷한 시기에 설립된 보스턴미술관은 의욕적으로 동양 미술품 컬렉션을 확충하고 있었다. 보스턴미술관이 만국박람회에 출품된 고란샤의 작품들을 높이 평가하고 구입에 나서면서 미국 예술 애호가들 사이에서 아리타야키의 인지도와 존재감이 크게 높아진다. 기립공상회사는 아리타야키에 대한 미국 소비자의 뜨거운 반응에 고무되어 박람회 이듬해인 1877년 뉴욕 브로드웨이에 'The First Japanese Manufacturing and Trading Company'라는 이름으로 지점을 설립한다. 최초로 서구 도시에 설립된 일본 상품 전문 판매점이었다. 우키요에 회화나 칠기 등 여타 공예품도 판매하였지만, 주력이 된 것은 아리타야키를 비롯한 도자기였다. 엄청난 잠재력을 바탕으로 급속한 공업화를 이루며 부를 축적하던 미국 사회는 유럽에 비해 상대적으로 고정관념이 덜한 시장이었고, 예술적·기술적 수준에서 유럽이나 중국 자기에 비해 손색이 없는 아리타야키는 미국 시장에서 일본 공예의 아이콘으로 자리 잡으며 선풍적인 인기를 모았다. 당시 기계, 화학, 조선 등 여타 산업에서의 경쟁력 열위로 무역수지 적자에 허덕이던 일본으로서는 구미 선진국 시장에서 통하는 경쟁력을 갖춘 아리타야키는 가뭄의 단비 같은 존재였다.

조선의 도자기가 정체되는 동안……

이삼평이 일본 땅에서 최초로 자기를 만든 이후 250여 년 동안 원천 기술을 제공한 조선의 도자기가 고립 또는 정체의 길을 걷고 있을 때 아리타야키는 일본의 도자기를 국제적 경쟁력을 갖춘 산업으로 견인하며 끊임없이 새로운 예술적·경제적 가능성의 지평을 넓혀갔다. 양자 간의 차이를 만든 것은 무엇일까?

15세기 이탈리아 피렌체의 메디치, 밀라노의 비스콘티와 스포르차, 페라라의 에스테, 만토바의 곤차가 등 귀족 가문은 예술가를 후원하였고, 이는 서구 근대 문명의 원점인 르네상스를 추동하였다. 예술가 후원에 가장 적극적이었던 메디치가의 로렌초가 '위대한 로렌초Laurenzo il Magnifico'로 불리게 된 데에서 알 수 있듯이 이 시대의 예술 후원은 단순히 지배자 개인의 취미가 아니라 통치의 정당성과 권위를 확보하는 정치 작용으로서의 의미가 있다. 상업과 금융으로 부를 쌓은 메디치가는 교권

教權이나 왕권 등 기존 통치 관념을 넘어서는 새로운 통치 정당성을 예술의 후원이라는 선정善政·euergetism에서 찾은 것이다. 이러한 르네상스기의 전통은 이후 유럽의 통치 질서에 보다 보편적 형태로 자리를 잡게 된다. 16세기 이후 유럽의 근대국가 성립 과정에서 왕실과 귀족 등 지배층은 '예술의 후원자'라는 명예로운 타이틀이 통치력 강화에 필수적이었고, 이는 음악·미술·문학 등 다방면에서 유럽 문명의 꽃이라 할 수 있는 고급 문화예술 발전의 토대를 닦았다.

고급 문화예술은 다수에 의해 소비되어 상업적 활력을 갖추기 전까지 그를 애호하고 후원함으로써 취약한 생존력을 보완하고 기술적 축적을 지탱해줄 수 있는 소수의 존재가 필수적이다. 18세기 중반 모차르트는 왕가와 귀족의 종속에서 벗어나기 위해 빈 중산층의 소비 가능성을 믿고 자신만의 음악을 추구하였다. 그러나 고급 음악에 대한 대중소비 시장이 충분히 성숙하지 못하여 모차르트는 경제적 곤궁에 처하고 그의 예술적 재능마저 소모된다. 문화예술 영역에서는 천재도 시장이 필요하였던 것이다. 베블런T. Veblen은 그의 저서『유한계급론』에서 상류층이 신분과 부를 드러내기 위해 '과시적 소비'를 하며, 고급 문화예술의 소비에서도 이러한 현상이 두드러진다고 비꼬았다. 그러나 예술가 입장에서는 이러한 과시적 소비를 반드시 부정적으로만 볼 수가 없다. 그러한 소수의 소비가 있음으로써 대중의 기호나 수요를 의식하지 않은 예술성 추구와 기술적 축적이 가능하기 때문이다.

일본의 도자기 발달사는 이러한 '후원patronage'과 '과시적 소비'가 문화 발전에 긍정적인 영향을 미친 사례로 해석할 수 있다. 전술한 바와 같이 일본의 도자기문화는 차문화와 불가분의 관계에 있다. 차문화는 지배층 사이의 표피적 유행 수준을 넘어 예술의 경지로 격상되었고, 지배층이 차문화의 후원자로서 과시적 소비를 경쟁적으로 벌인 것이 도자기 발달의 물꼬를 텄다. 지배층의 욕구를 충족시킬 수 있는 고도의 기술을 보유한 도공들은 경제적 안정과 사회적 지위 향상의 인센티브를 부여받으면서 창작 활동에 전념할 수 있었다. 조선과 달리 중앙정부가 도자기 제작권을 독점한 것이 아니라 여러 번藩들 사이에 최고의 도자기 생산을 위한 치열한 경쟁이 펼쳐진 것도 도공들의 처우 개선과 신기술 개발에 도움이 되었다. 조선에서 일본으로 건너간 기술은 다이묘와 도공들 사이의 '후원자 - 피후원자patron-client'적 관계 덕분에 원천 기술을 뛰어넘는 축적을 이룰 수 있었다. 일본 지배층의 다구에 대한 탐닉과 후원이야말로 일본 도자기문화 발전을 위한 마중물이었다.

도자기는 공예품이자 생활용품이다. 실용적 효용을 얻을 수 있는 물건이기에 그림이나 음악에 비해 소비의 확장성이 훨씬 크다. 도시화와 상업화의 진전으로 차문화가 점차 일반 계층으로 침투하면서 공급과 수요의 여건이 성숙되자 도자기 시장이 형성된다. 공급자들은 다양한 브랜드의 상품을 출하하며 경쟁하였고, 경쟁의 승패는 시장에서 소비자들의 선택에 의해 좌우되었다. 시장이 형성됨으로써 비로소 도자기문화는 소수의 후원에 의존하는 초기 단계에서 벗어나 두터운 소비자층에 의해 유지되는 독자적인 발전의 길을 걸을 수 있었고, 19세기 초반에 이르면 수많은 주체가 참여하여 거대한 경제적 가치를 창출하는 도자기의 산업생태계가 구축된다. 에도시대는 이처럼 민간 부문이 거대한 소비력을 바탕으로 사회적·문화적 활력이 생성되고 적응과 진화가 거듭된 시대이다. 일본이 근대화시기에 보여준 놀라운 외부 문물의 흡수와 발전 능력은 이미 에도시대부터 축적되고 있었다.

제16장

에도 지식인의 초상: 시대가 변하면 지식도 변한다

유럽 근대화를 촉발한 종교개혁의 본질은 지식 혁명이다. 마르틴 루터의 성경 번역은 교회의 지식 독점을 해체하고 지식을 민중에게 돌리려 한 시도였다. 유럽의 근대화 과정은 교회의 지식 독점이 해체되면서 민중이 종교적 권위의 억압으로부터 해방되고 정치와 경제가 세속화되는 과정이라고 할 수 있다.

일본은 유럽과 같은 드라마틱한 종교개혁은 없었다. 그러나 자세히 들여다보면 종교개혁의 본질에 해당하는 과정이 근세기에 존재하였다. 형태만 다를 뿐 원리는 유사한 근대화의 궤적이다. 일본이 국가 체계를 갖춘 이래 지식을 독점한 것은 승려들이었다. 종교는 본질적으로 학문의 속성을 갖고 있다. 중국에 유학을 갔다온 승려들은 당대 최고의 지식인으로서 권위를 얻었다. 유학儒學도 승려들이 경전을 반입하여 해석하고 전파하였다. 승려들은 세속 세력에 대한 지적 우위를 바탕으로 국사國師, 즉 나라의 스승으로 모셔졌다. 승려들은 오랫동안 지식의 정점이자 교육의 중심이었다.

승려의 지식 독점은 비슷한 시기 고려의 사정과 크게 다르지 않다. 다른 것은 해체 과정이다. 조선에서는 사대부가 등장하여 불교의 지식 독점을 해체하였지만, 일본에서는 무사들이 해체의 주역이 되었다. 오직 실력만이 생존을 보장할 수 있는 하극상의 시대를 맞아 기존의 권위는 의심되었고, 부국강병에 도움이 되는 실용적 지식과 정보가 중시되었다. 가장 먼저 천하통일에 근접하였던 오다 노부나가는 뜻을 거스르는 불교 집단은 무력을 동원해서라도 척결하였다. 뒤를 이은 도요토미 히데요시는 불교세력의 무장을 해제하고 거주지를 제한하며 통제를 강화하였다. 억불 정책은 에도 막부가 들어선 이후에도 계속되었다. 승려들의 지적 권위는 무너졌고, 정치는 종교에서 벗어나 세속화하였다. 이 지점에서 일본과 조선의 지식 생태계가 분기分岐한다. 조선의 사대부는 본질적으로 지식인 집단으로서 불교의 지식 독점을 해체한 이후 스스로 지식을 독점하였다. 반면 일본의 무가는 스스로 지식을 독점할 입장에 있지 않았다. 집권과 통치에 도움이 된다면 다양한 소스의 지식을 취사선택하는 실용적·실리적 접근을 취하였다.

공자의 가르침은 공자에게서 찾다

에도 막부가 집권 후 정권 차원에서 통치철학으로 채택한 것은 유학, 그 중에서도 주자학이다. 그 토대를 닦은 것이 하야시 라잔林羅山(1583~1657년)이다. 1583년 교토에서 낭인浪人(주군이 없는 무사)의 아들로 태어난 라잔은 유소년 시절 교토의 겐닌지建仁寺에 위탁되어 불교를 공부한다. 사원이 소장한 방대한 서적을 탐닉하던 라잔은 불경보다 유학의 경전에 흥미를 느끼고 주자학 공부에 천착한다. 당대 유학의 권위자이자 스승이었던 후지와라 세이카藤原惺窩의 천거로 이에야스의 상담역이 된 그는 도쿠가와 막부의 2대 히데타다, 3대 이에미쓰에 걸쳐 쇼군의 스승으로서 막부가 주자학을 통치 이념으로 삼도록 하는 데에 기여하였다. 공고한 신분제, 예禮에 바탕한 사회 질서, 충과 효의 강조 등 막부에게 시급하였던 통치 안정화의 이론적·사상적 토대를 라잔이 완성해주었다. 막부의 라잔 등용으로 주자학은 막부의 관학官學이 되었고, 주자학은 무가의 필수 지식이 되었다.

주자학이 관학이 되기는 하였지만 무비판의 대상은 아니었다. 라잔의 주자학은 조선의 영향을 크게 받은 것으로 알려졌다. 이기론理氣論을 신봉하였고 주자학 이외의 학문을 배척하였다. 전술한 대로 일본의 무가적 전통은 지식의 교조화敎條化보다 실용적·실리적 융통성을 선호한다. 라잔의 도덕론, 관념론에 치우친 주자학 절대화 학풍은 곧 비판에 직면한다. 선봉에 선 것은 오규 소라이荻生徂徠(1666~1728년)였다.

소라이는 1666년 에도의 의사 집안에서 태어났다. 부친의 좌천으로 모친의 고향에서 유소년 시절을 보내면서 독학으로 불교·유학의 경전과 고전을 탐독하면서 지식의 기반을 쌓는다. 부친의 복권復權으로 에도에 복귀하였을 즈음에 극심한 생활고로 저잣거리의 인정仁情과 비정非情을 두루 경

오규 소라이의 초상. 소라이는 주자학의 관념론을 비판하고 도덕과 정치의 분리를 주장하였다.

험한 그는 학문은 민중의 삶에 기여해야 비로소 의미가 있다는 신념을 갖게 된다. 소라이는 후에 학식을 인정받아 관직에 오르고 8대 쇼군 요시무네에게 정치적 자문을 하면서 이러한 신념을 정치에 투영하려 하였다.

소라이가 에도 지식사知識史에서 높이 평가되는 이유는 정치적 실적보다는 그의 개혁적 사상에 있다. 당시 일본은 막부 창업 이래 100여 년의 세월이 지나면서 내부적 모순과 갈등이 노정되고 있었다. 직전 20년간 아라이 하쿠세키新井白石가 주자학에 기초하여 주도한 '쇼토쿠正德의 치治' 개혁이 제대로 효과를 내지 못하고 도시와 농촌 모두 불만과 갈등이 증폭되고 있는 상황이었다. 쇼군 요시무네는 이러한 상황을 타개하기 위하여 취임과 동시에 사회 분위기 일신과 제도 개혁을 모색한다. 에도시대 3대 개혁의 하나로 일컬어지는 '교호 개혁享保改革'이다. 소라이는 이러

한 시대상 속에서 개혁 정책에 자신의 뜻을 반영코자 하였던 것이다.

소라이는 당시 주류 사상이었던 주자학을 강하게 비판하고, 인정人情에 이끌리지 않는 규율과 질서의 확립을 강조하는 정치 철학을 설파하였다. 어찌 보면 유가보다는 법가에 가까운 법치 중시의 사상이었다. 소라이는 주자학이 "억측에 근거한 허망한 요설에 지나지 않는다"고 신랄하게 비판하였다. 이기론理氣論이라는 틀에 세상을 끼워 맞추려는 본말전도本末顚倒의 모순을 안고 있는 주자학으로는 세상을 개혁할 수 없으며, 보다 현실적인 세계관으로 기성관념을 혁파하여 '안천하安天下'를 추구하는 것이 정치의 정도正道라고 강조하였다.

그는 주자학을 맹목적으로 신봉하는 것이 얼마나 어리석은 것인지를 입증하기 위해 행동에 나선다. 중국어, 특히 고어古語를 집중적으로 연마하여 유학의 경전을 주자의 해석이 아닌 원전을 통해 직접 해석하는 방법론을 제시한다. 이를테면 『중용中庸』을 받아들임에 있어 주자의 『중용장구中庸章句』에 의존하지 않고 체계적인 방법론을 통해 원전을 분석한 『중용해中庸解』를 집필하여 주자의 해석이 오류와 독선으로 점철되었음을 입증한 것이다. 다른 관료나 학자들이 주자학을 바탕으로 유교적 도의道義를 논하면 소라이는 원전을 근거로 선현先賢의 뜻에 대한 그들의 이해를 추궁하였다. 주자의 해석에 의존한 사람들이 원전에 근거한 그의 논박 이상의 지적 권위를 제시하기는 어려운 일이었다. 마치 마르크스의 『자본론』을 원전으로 읽은 사람과 다이제스트 번역본으로 읽은 사람 간에 논쟁이 붙었을 때 지적 권위의 운동장이 기울어지는 것과 마찬가지다.

소라이의 이러한 고전 중시 해석론은 '고문사학파古文辭學派' 또는 그의 호를 따서 '켄엔학파蘐園學派'를 이루었다. '주자학 등 후세의 해석에 좌우되지 말 것. 직접 중국 고전으로 돌아가 배울 것'을 강조한 소라이의 사상은 후대 유학자들에게 큰 영향을 미쳐 실증적 연구와 고증을 중시하는 일본 유학계 학풍의 초석이 되었다. 소라이의 학문적 성과는 후에 조선 실학자들에게도 영향을 미쳤다. 정약용은 『논어고금주』에서 소라이의 『논어징論語徵』을 대거 인용하면서 "이제 그들(일본 유학자들)의 글과 학문이 우리나라를 훨씬 초월했으니, 참으로 부끄러울 뿐이다"라고 토로했다고 한다.

일본 정치사상계의 대부 마루야마 마사오丸山政男는 소라이를 "근대성의 사상적 개척자이자 정치의 발견자"라고 평한다. 유럽의 지식사에서 마키아벨리가 『군주론』을 통해 도덕과 정치를 분리한 것이 근대 정치의 토대를 닦았듯이, 소라이가 통치철학으로서의 유학이 교조적 관념론·도덕론에 치우치지 않고 실증과 실용의 끈을 놓지 않도록 한 것은 근대 정치의 발견에 해당한다는 것이다.

유학을 현실에 밀착시키려 한 소라이의 사상은 중농주의적 유교관에서 탈피하여 경세제민經世濟民, 이용후생利用厚生의 실용적 경제관을 바탕으로 위정자의 덕德을 도덕적 통치를 넘어 국가 경영의 관점에서 파악하는 에도 후기 경세가들의 사상으로 이어졌다. 막부 관료들 사이에서는 여전히 주자학이 주류로 남아 있었지만, 시대 변화에 민감한 번에서는 주자학에 얽매이지 않고 유능한 경세가들의 의견을 경청하였다. 같은 유학이라도 어떻게 받아들이고 사용하느냐에 따라 세상을 망칠 수도 흥하게 할 수도 있다. 에도시대의 유학은 독점되지 않았고 종교화하지 않았으며, 서로 다른 해석은 배척이 아니라 공존·경쟁의 길을 걸었다. 조선의 유교와 일본의 유학은 같은 뿌리에서 자랐지만 다른 열매를 맺었다.

이시다 바이간, 상인의 길을 밝히다

17세기 후반 일본은 체제적으로는 무가가 지배하는 사회였지만, 구조적으로는 돈이 지배하는 사회로 진입하고 있었다. 화폐는 주조되어 시장에 풀리는 순간 주조권자의 통제를 벗어났고, 부의 분배·소비·저축·투자의 결정에 있어서 정치적 권위는 점점 시장에 주도권을 내주고 있었다. 화폐의 분배와 자본의 축적은 거대한 다층적 이해관계를 형성해 정치적 권위의 자의적 통제 폭을 좁혔다. 초기 자본주의의 양상이라고 해도 좋을 만한 이러한 구조 변화의 과정에서 사회적 지분을 늘려간 것은 상인이었다. 도시화로 인해 생산자와 소비자를 연결해야 하는 유통 수요가 폭증한 일본에서는 여타 지역, 심지어는 유럽에 비해서도 상인 계층의 부상浮上이 두드러졌다. 상인들이 부를 축적하며 사회주도세력으로 성장하자 일본 사회는 모순에 봉착한다. 상인 계층이 생산과 소비를 매개하는 주체로서 사회 기능의 중요한 축을 담당하게 되었지만, 사농공상士農工商에 기반한 재래의 신분 관념에서는 상인들이 여전히 최하급 계층으로 간주되는 일종의 인지부조화cognitive dissonance 현상이 발생한 것이다.

(천민을 제외하면) 가장 미천한 신분인 상인이 돈을 벌고 잘사는 모습을 대하는 여타 계층의 인식은 곱지 않았다. 상인들 스스로도 사회적 요구가 있으니까 자신들이 존재하고 부富를 축적하는 것인데, 신분적으로 여전히 멸시의 대상이 되는 것에 대한 자괴감이 있었다. 재래의 농본주의 (또는 생산자 중심) 관념하에서 생산에 직접 참여하지 않는 상인들의 이윤 추구는 타인이 땀 흘려 생산한 결과물을 '오른쪽에서 왼쪽으로 옮겨' 이익을 편취하는 행위로 치부되었다. 상업의 이윤 획득은 비천한 것으로 여겨졌고, 무가들은 상업에 종사하는 것을 '수치'로 규범화하였다. 상인들은 상인들대로 눈앞의 이익 챙기기에 급급했다. 경제 호황으로 수요가 늘어날 때에는 투기와 매점매석으로 폭리를 일삼고, 관리들에게 뇌물을 주어 정경유착으로 거래를 독점하고, 일물일가一物一價가 아니라 상대를 보고 가격을 후려치는 것을 당연시했다. 상인들의 입장에서는 사회적 지위가 낮아 어차피 명예와는 거리가 먼 처지였다. 오로지 돈만이 그들을 보호해줄 수 있었다. 상업의 사회적 중요성은 점점 커지는 데에 비해 상업을 바라보는 쪽도 상업에 종사하는 쪽도 상업의 정체성과 바람직한 존재방식에 대한 가치관은 불모의 상태였다.

상인의 지위와 역할에 대한 사회적 좌표 부여가 필요하다는 시대적 요구를 배경으로 새로운 사상의 조류가 18세기 초반부터 태동한다. 그 물꼬를 튼 것이 세키몬石門 심학心學의 개조開祖로 불리는 이시다 바이간石田梅岩(1685~1744년)이다. 이시다 바이간은 1685년 교토 인근에서 가난한 농가의 둘째 아들로 태어났다. 당시 농가의 자식들이 그랬듯이 바이간은 유소년기에 교토의 포목점에 견습생으로 보내져 혹독한 환경 속에서 도제식 상인 수업을 받는다. 10대 후반기에 일하던 포목점의 도산으로 귀향했다가 20대 초반 교토의 '구로야나기黑柳'라는 포목점에 다시 일자리를 잡아 판매업에 본격적으로 뛰어든 그는 늦깎이 출발, 별 볼일 없는 배경에도 불구하고 근면함과 성실함을 인정받아 42세의 나이에 반토番頭(대표)에 오른다. 20년 넘게 판매업의 일선을 지키는 동안 바이간은 현장 경험을 통해 상업은 '세상을 이롭게 하는 일'이라는 신념을 품게 된다. 바이간은 성격이 대쪽 같고 학구열이 높은 사람이었다. 어릴 적부터 불교, 유교 학습서를 품에 넣고 다니며 항시 책을 놓지 않는 독서광이었다. 오구리 료운小栗了雲이라는 학식 높은 재야 승려를 만나면서 그의 학식은 일취월장하고 학문도 틀이 잡힌다. 주경야독을 통해 깨달음을 얻은 그는 43세에 현역에서 물러난 후 2년 뒤인 45세의 나이에 자신의 깨달음을 조용히 실천으로 옮긴다.

고향으로 돌아온 그는 자택의 방 하나를 개조하여 조그마한 강담소講談所를 개설하고 대중 강연을 시작한다. 남녀노소 누구나 무료로 참가할 수 있는 열린 강좌였다. 처음에는 반응이 신통치 않았지만, 강연에 귀를 기울이는 사람들이 하나둘씩 늘어났다. 그의 강연에는 유불신儒佛神 어느 하나에 얽매이지 않은 포용성이 있었고, 자신이 무학無學의 아마추어 학자였기에 겪어야만 했던 고초를 바탕으로 청중의 눈높이에 맞춰 알기 쉽게 설명하는 배려가 있었다. 그의 강연은 무엇보다 상업에 종사하는 사람들에게 귀가 번쩍 뜨이는 내용이었다. 상인들이 직역職役에 긍지를 갖

고 매진할 수 있도록 지적·도덕적 동기를 부여하는 그의 강연은 곧 소문
이 났고 문하생들이 몰려들었다.

바이간의 사상은 바이간과 한 유학자의 대담을 기록한 『도비문답都鄙
門答』이라는 책에 요체가 정리되어 있다. 구 제도권 사상을 상징하는 유
학자와 시대의 변화에 걸맞은 새로운 사상을 주창하는 바이간 사이에 가
시 돋친 설전이 소크라테스의 문답법처럼 펼쳐지는데, 일부를 소개하면
다음과 같다.

유학자: 상인들은 탐욕스럽고 사사로운 욕망[私慾]으로 행동한다. 그
런 자들에게 욕심을 버리라고 하는 것은 고양이에게 생선을 맡기는 것
과 같다. (바이간이 강담소를 개설한 것을 두고) 그들에게 배움을 권장하는 것
이 무슨 의미가 있는가?

바이간: 상인의 도道를 모르는 사람은 사사로운 욕심으로 행동하고
결국은 타인과 자신을 모두 망치게 된다. 그러나 상인의 도를 알게 되면
사욕으로부터 벗어나 인仁의 마음을 얻게 되고, 상인도商人道에 걸맞은
행동을 하여 번성하게 된다. 그것이 배움의 덕德이다.

유학자: 그렇다면 파는 상품에서 이익을 취하지 말고 원가에 팔도록
가르치면 어떤가?

바이간: 상인의 이윤은 무사의 녹봉과 같은 것이다. 상인이 이익을 취
하지 않고 물건을 팔아야 한다는 것은 무사가 녹봉 없이 봉사하도록 해
야 한다는 것과 마찬가지이다. 물건을 만드는 직인에게 공임을 지급한

다. 그것은 직인에 대한 녹봉이다. 농민들은 공납하고 남은 생산물을 소유한다. 이는 무사가 녹봉을 받는 것과 마찬가지이다. 상인이 이익을 취하는 것도 천하로부터 인정된 녹봉이다.

유학자: 상인이 매매를 통해 이윤을 취하는 것은 알겠다. 그러나 상인들이 남을 속이고 나쁜 짓을 하는 것도 사실 아닌가.

바이간: 그 말은 맞다. 세상에는 상인인 척하는 도둑이 있다. 생산자에게는 가격을 후려치고 소비자에게는 바가지를 씌우며 부당한 이익을 취하는 무리들이 있다. 이것은 도둑질과 매한가지이나, 그 부당함을 지적하는 가르침이 없으니 그것을 수치라 생각하지 못하고 꾸역꾸역 그런 짓을 하는 것이다. 그러한 무도無道함을 삼가도록 하는 것이 배움의 힘〔力〕이다.

『도비문답』에 담겨진 바이간의 사상은 당시로서는 획기적인 것이었다. 상인들이 이윤을 취하는 것이 사회적으로 멸시의 대상이 될 이유가 없음을 당당하게 선언한 것이다. 그는 여기에서 한발 더 나아가 상인들도 이익 수취를 정당화하기 위해서는 그에 걸맞은 상인의 도가 있어야 함을 설파한다. 무사들에게 스스로의 존엄을 위해 따라야 할 무사의 도가 있듯이 상인들에게도 스스로의 존중을 위해 따라야 할 상인의 도가 있다는 것이다. 그가 제시하는 상인도商人道*를 가장 함축적으로 대변하는 문구가

---

* 상인도(일본어로는 '아킨도'라고 읽는 경우가 많다)라는 말은 현대에 와서 바이간의 사상을 재해석하는 과정에서 유행한 말이며 실제 에도시대에 상인도라는 말이 사용된 것은 아니다.

"眞の商人は先も立ち, 我も立つことを思うなり"이다. '진정한 상인은 손님이 있어야 비로소 자신도 존재할 수 있음을 깨달아야 한다'는 의미이다. 마치 무사가 '충忠'으로 주군을 섬기듯 상인도 '성誠'으로 고객을 섬겨야 하며, 자신의 이익을 줄일수록 손님의 이익이 늘어나므로 상인은 스스로 '검약'해야 하며, '제업즉수행諸業卽修行', 즉 일은 곧 인격 수양이므로 나태를 경계하고 '근면'하게 맡은 바 소임에 정진함으로써 '신용信用'을 얻어야 한다는 것이 바이간이 주장하는 상인의 도였다. 그는 상인들에게 이러한 도에 입각하여 정직하게 번 돈은 '후지산만큼 돈이 쌓이더라도 부끄럽지 않은 것'이라며 상인들이 긍지를 갖고 생업에 종사할 것을 촉구하였다.

조선의 유교적 전통이 우주의 원리로서 '이理'와 '기氣'라는 거대 담론에 치중하였다면, 일본의 유교적 전통에서는 인간의 원리로서 '심心'과 '성性'이 생활철학으로 중시되었다. '심'은 인간의 근본으로서 모든 사유와 인식의 출발점이며, '성'은 개개에 나타나는 심의 발현이다. 바이간은 상인의 심은 본시 세상을 이롭게 하고자 하는 것이 근본이며, 그 근본을 실현하기 위해 평소 성실·검약·근면의 생활 태도를 견지하여 신용을 쌓음으로써 각자의 '성'을 갈고 닦아야 한다고 설교하였다. 심을 중심에 놓은 그의 사상은 문하생들에 의해 세키몬石門 심학心學으로 체계화되고 다듬어져 교토, 오사카, 에도 등지에 그의 사상을 가르치는 강담소가 퍼져나갔다. 실제 경험을 바탕으로 귀에 쏙쏙 들어오는 쉬운 화법으로 정리된 그의 사상은 일본 사회에 큰 울림을 전했고, 상인들은 물론 정치 개혁

이시다 바이간의 자택 한쪽에 마련된 강담소를 재현한 모습.

에 관심이 있는 막부나 번의 관료들도 심학 강의를 청취하였다. 바이간의 『도비문답』은 상인들의 바이블처럼 여겨져 에도시대에만 10회에 걸쳐 재판再版이 출간되었고, 가장 많을 때에는 전국 34개 번에 180개소의 심학 강담소가 설치될 정도로 바이간의 사상은 대중에게 널리 전파되었다.

꼭 바이간의 영향만이라고는 할 수 없으나, 에도시대의 유명 상가商家들은 무가武家를 본떠 상가의 가훈家訓*을 지어 종업원과 자손들이 귀감

---

* 가훈 외에도 가칙家則, 가헌家憲, 강령綱領 등 다양한 이름의 교훈이 있다.

으로 삼도록 하는 문화가 있었다. 신용을 중시하고, 가업家業을 소중히 하며, 고객 만족을 위해 정직과 친절을 실천할 것을 내용으로 하는 교훈들로, 현대 일본 경영학에서는 이를 시대를 앞서간 '기업의 사회적 책임(CSR)'의 실천적 사례로 보기도 한다.* 비단 상인뿐 아니라 공工에 종사하는 직인職人들 사이에도 기술이 곧 마음이므로 기술 연마에 정진하는 것이 기술자의 본분이라는 '기시심야技是心也' 또는 '심기일체心技一体' 등 마음[心]을 중시하는 독특한 일본식 장인정신 문화가 형성되는 등 성실·검약·근면의 삼덕三德과 신용 본위의 삶을 강조하는 세키몬 심학은 일본 사회 전반의 인생관, 직업관에 큰 영향을 미쳤다.

마음을 열고 세계를 바라보다

에도시대는 세계사적으로 격동의 시대에 해당한다. 르네상스, 종교개혁, 신대륙 발견, 시민혁명, 산업혁명 등 역사의 대분기大分岐라 할 만한 드라마틱한 변화를 숨 가쁘게 거친 유럽은 전 세계로 공격적으로 뻗어나가 신문명의 힘으로 비유럽 세계를 압도하였다. 비유럽 세계는 유럽 세력과의 조우의 시기와 방법에 운명이 좌우되는 처지가 되었다. 일본 역시 이러한 세계사적 조류에서 자유롭지 못하였다. 서양 세력이 일본에 처음 발을 디딜 무렵 일본은 센고쿠시대였다. '천하포무天下布武'의 기치를 내건 오다

---

* 가장 대표적인 것으로는 오미 지방 출신 상인들[近江商人]의 '산포요시三方よし' 정신이 유명하다. 파는 쪽도 좋고, 사는 쪽도 좋고, 세상도 좋고(賣りてよし, 買いてよし, 世間よし)의 의미이다.

노부나가를 비롯하여 천하통일을 꿈꾸는 유력 무장들은 스페인, 포르투갈 세력과의 통교를 마다하지 않고 적극적으로 그들의 문물을 수용하였다. 노부나가가 서양으로부터 얻은 신무기로 천하 제패의 문턱까지 다다른 것을 목격한 다이묘들은 전략적 관점에서 외부세력과의 통교가 가져오는 이익과 위협을 가늠하는 안목이 생존의 문제임을 직시하게 된다.

에도 막부의 대외관계도 그러한 전략적 관점에서 출발한다. 이에야스는 집권 초기에 대외무역에 대해 비교적 관대한 태도를 보인다. 주인선朱印船 무역의 형태로 일정한 조건하에 대외 무역을 허가제로 허용하였다. 그러나 3대 쇼군 이에미쓰는 모든 서양인을 추방하고 모든 번의 외부와의 통교를 일절 금지한다. 이른바 '쇄국정책'이다. '쇄국'이라는 말은 쇠사슬〔鎖〕로 나라를 결박結縛한다는 의미이다.* 하나 유의할 점은 그 결박의 대상은 번이지 막부가 아니라는 것이다. 이러한 의미에서 막부의 쇄국정책은 '폐문정책closed-door policy'이 아니라 막부가 외부와의 사람·물건·정보의 교류를 통제하는 '창구독점정책window monopoly policy'이라고 하는 것이 보다 정확하다. 에도시대의 쇄국정책은 서양의 것을 맹목적으로 거부하는 조선의 위정척사衛正斥邪류의 이념형 고립정책과 같지 않다.

---

* '쇄국'이라는 말은 1801년 시즈키 다다오志筑忠雄의 『쇄국론鎖國論』이라는 책에서 유래하였다. 시즈키는 엥헬베르트 카엠프페르가 저술한 『일본지日本誌』의 네덜란드어판을 번역하면서, 본편의 부록인 '일본에서는 자국인의 출국, 외국인의 입국을 금하고, 일본과 세계 여러 나라와의 교통을 금지하는 것이 규칙'이라는 소논문의 일본어 제목을 '쇄국론'이라고 하였다. 쇄국론이라는 말은 메이지시대에 막부의 교역 독점에 대한 비판적 의미를 담아 사용되기 시작하였다.

막부는 역사적 경위와 전략적 관점을 고려하여 네 개의 창구*만을 열어 두었다. 가장 중요한 서양, 중국과의 통로는 막부의 직할령인 나가사키로 한정하였다. 섬나라인 일본은 모든 해안선이 외부 교류의 창구가 될 수 있다. 막부는 다이묘들에게 일정 크기 이상의 선박 건조를 금지하는 등 이중 삼중의 통제를 가하면서 철두철미하게 대외관계를 틀어쥐고 교역을 관리하려 하였다. 무역은 기본적으로 국가 권력이 작용하는 특허concession의 대상이다. 앞장에서 언급한 대로 서양의 시각으로 본 일본은 금과 은이 대량으로 생산되는 엘도라도의 땅이었다. 에도시대 초기 포르투갈, 영국, 네덜란드 등이 특허를 얻기 위해 각축전을 벌인다. 초기 주도권을 잡은 것은 노부나가 이래 터줏대감 노릇을 하던 포르투갈이었다. 그러나 기독교 포교 문제로 포르투갈이 배제되고 영국과의 경쟁에서 승리한 네 덜란드가 급부상하였다. 네덜란드의 동인도회사는 철저한 상업 베이스의 교류를 확약함으로써 막부로부터 독점적 교역파트너 지위를 획득하였다. 막부는 교역의 이익을 취하면서도 지식과 정보의 유통을 통제할 수 있도 록 1641년 나가사키의 데지마出島라는 인공섬에 네덜란드인 전용 상관商館을 설치하고 네덜란드인들의 거주·이동을 제한하였다. 이후 데지마 는 일본이 네덜란드를 통해 세계를 들여다보는 창window이 되었다.

막부는 서양의 정보를 통제하였지 배척한 것이 아니다. 배척은커녕 민감하게 그 동향을 주시하였다. 데지마상관장은 정기적으로 에도에 참부

---

* 사쓰마薩摩번-류큐, 마쓰마에松前번-에조치(홋카이도 아이누), 나가사키-네덜란드와 중국, 쓰시마 對馬번-조선.

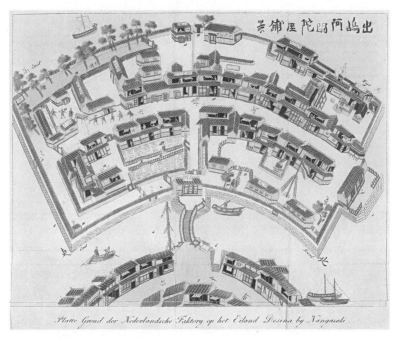

데지마상관. 1824년 혹은 1825년에 그려진 데지마 조감도. 날개형을 하고 있다.

參府하여 쇼군을 알현하고 세계정세에 대한 쇼군의 고문 역할을 하였다. 데지마의 네덜란드인들은 바타비아의 본부에서 입수되는 국제정세 동향을 정리한 '오란다 풍설서オランダ風説書'라는 정보 보고서를 작성하여 막부에 송부해야 했다. 막부는 필요에 따라 정보를 통제하거나 취사선택하여 활용하였다. 이 과정에서 네덜란드인과의 커뮤니케이션을 담당하는 통사와 데지마상관에 파견된 양의洋醫로부터 서양의술을 전수받은 일부 의사들이 자연스럽게 서양의 문물에 관심을 갖게 되었고, 이들이 연구하

는 서양의 학문은 '난학蘭學'*으로 알려지게 되었다. 막부의 사상 통제도 있었고, 공리공론을 기피하는 일본 지식사회의 풍토도 작용하여 난학자들의 관심은 자연을 대상화하여 이해하는 의학, 본초학(약학), 동·식물학, 천문학, 지질학, 지리학, 공학 등 실용학문에 집중된다. 서양의 지식은 난학자들의 상식과 고정관념을 흔들었다. 난학자들은 서양의 지식을 공부하면서 세상이 음양오행과 이기理氣의 원리로 돌아간다는 종래의 세계관에 의문을 품게 된다. 의문은 새로운 깨달음의 출발점이다.

난학의 본격적 붐을 조성한 것은 앞장에 등장한 바 있는 『해체신서』의 출간이었다. 일본의 지식사는 『해체신서』 출간 이전과 이후로 나뉜다고 할 수 있을 정도이다. 『해체신서』의 주역이자 난학의 개척자 스기타 겐파쿠는 세상을 뜨기 전에 자신이 일생을 바친 난학의 역사와 계보를 정리해서 후세에 남기는 것을 마지막 사명으로 삼는다. 겐파쿠는 83세가 되던 1815년에 『난학사시蘭學事始』를 집필하여 애제자인 오쓰키 겐타쿠大槻玄澤에게 교정을 부탁한다. 겐파쿠의 60여 년에 걸친 난학과의 만남과 인연이 오롯이 담긴 책이었다. 교정을 의뢰받은 겐타쿠는 겐파쿠의 청출어람 제자였다. 겐타쿠도 스승인 스기타 겐파쿠, 마에다 료타쿠와 마찬가지로 의사 집안 출신이었다. 부친이 난방의학 계통의 의사였기에 어려서부터 난학의 영향을 받으며 자란 그는 22세가 되던 해 에도 유학길에 올라 겐파쿠의 사숙私塾인 '덴신로주쿠天眞樓塾'에서 본격적으로 난학을 공부

---

* 서양 학문의 명칭은 에도 초기 '만학蠻學', 18세기 이후 난학으로 불리다가, 19세기 들어 영국·미국·프랑스 등의 영향이 커짐에 따라 '양학洋學'으로 불리게 된다.

한다.

1785년 아예 나가사키로 가서 통역관에게 직접 네덜란드어를 배울 정도로 그의 난학에 대한 배움의 열정은 뜨거웠다. 에도로 복귀한 겐타쿠는 1788년 난학을 체계적으로 정리한 『난학계제蘭學階梯』라는 책을 저술하여 일약 에도 난학계의 기린아가 된다. '계제'라는 것은 '계단steps'이라는 뜻으로 차근차근 난학을 공부할 수 있도록 난학의 기초적 내용과 초급 네덜란드어를 정리한 일종의 난학 입문서였다. 겐타쿠는 자신에게 난학의 배움을 청하는 제자들이 몰려들자 이듬해인 1789년 '시란도芝蘭堂'라는 사숙을 개설한다. 이전까지는 난학에 뜻을 둔 사람들은 나가사키까지 가야 했으나, 이제는 에도에서도 수준 높은 난학을 배울 수 있게 되었다. 지식 사회에 미친 파급효과는 엄청났다. 시란도는 에도 난학의 전당殿堂이 되어 많은 문하생을 배출하였다. 특히 후에 '시란도 사천왕'이라고 불린 하시모토 소키치橋本宗吉, 우다가와 겐신宇田川玄眞, 이나무라 산파쿠稻村三伯, 야마무라 사이스케山村才助 등은 의학, 천문학, 언어학, 지리학 등의 분야에서 서양의 기초 과학기술이 일본 지식사회에 자리 잡도록 하는 데에 크게 기여하였다.

난학이 유행한 이유는 자명하다. 일상생활에 도움이 되는 실용적 학문이었기 때문이다. 질병을 치료하는 의사들은 서양의학을 공부하면 좀 더 효과적인 치료법을 알 수 있었다. 책력冊曆을 만드는 사람들은 서양의 천문학을 공부하면 보다 정확한 역曆 계산이 가능했다. 광산을 개발하는 사람들은 서양의 지질학, 광물학을 공부하면 더 많은 광물을 손에 쥘 수 있었다. 그림을 그려야 하는 사람들은 서양의 미술 기법을 공부하면 더욱 대상에 충실한 묘사를 할 수 있었다. 일본의 지식인들은 근대 유럽문명이 가져온 물질적 혜택을 마다할 이유가 없었다. 그 혜택을 어떻게 흡수하여 인간의 삶을 이롭게 할 것인가? 그것이 당시 난학을 대하는 지식인들의 태도였다.

여담이지만, 근대 유럽의 빈이나 파리에 지식인들이 모여 교류하는 살롱salon 문화가 있었다면 시란도에는 '오란다 쇼가쓰ォランダ 正月'라는 것이 있었다. 데지마상관의 네덜란드인들은 양력 1월 1일을 맞아 막부의 관리나 통역사 등 일본인을 상관에 초대하여 신년 파티를 열었는데, 일본인들이 이를 오란다 쇼가쓰라고 불렀다. 겐타쿠는 나가사키 유학 당시 요시오 고규吉雄耕牛라는 통역사의 집에 초대받아 그가 주최하는 오란다 쇼가쓰를 경험하고 그 이국적 분위기에 매료된 적이 있었다. 1794년 11월(음력) 겐타쿠는 에도 참부로 상경한 데지마상관장을 에도에서 만나게 된다. 상관장으로부터 11월 11일(음력)이 태양력 1795년 1월 1일에 해당한다는 얘기를 들은 겐타쿠는 내친김에 직접 오란다 쇼가쓰 파티 개최를 기획한다. 시란도의 동료와 난학에 관심이 있는 여타 관료, 지식인들을 한자리에 모아 서양의 문화를 체험해보자는 취지였다. 참석자들의 호응이 높자 이것이 계기가 되어 그 후 시란도에서는 40년이 넘도록 매년 양력 1월 1일을 맞아 '오란다 쇼가쓰' 파티를 열었다. 그림에서 볼 수 있듯이 와인병, 와인잔, 포크, 나이프 등 서양의 식탁 문화가 재현되어 있다. 시란도의 오란도 쇼가쓰에서는 네덜란드인들이 즐겨먹던 소고기, 돼

오란다 쇼가쓰 파티의 모습을 담은 〈시란도신겐카이즈芝蘭堂新元會圖〉, 이치카와 가쿠잔市川岳山 작, 1795년.

지고기, 오리고기, 햄 등의 요리도 제공되어 서양의 문물을 직접 체험하는 기회이자 난학에 관심이 높은 지식인들의 교류의 장이 되었다.

난학은 차근차근 에도 지식인들의 호기심을 자극하며 그들의 사고체계에 깊숙이 자리를 잡기 시작하였다. 난학이 유행하였다고 해서 유럽의 관념과 지식이 일본 사회 전반에 전면적으로 수용될 정도의 변화가 있었던 것은 아니다. 그럼에도 불구하고 기존의 지식에 '합리적 의심'을 품고 '지적 유연성'의 중요성을 깨닫는 사고 훈련이 되었다는 점에서 난학은 일본 근대화의 초석이 되는 과학적·합리적 사유의 기초를 제공하였다고 할 수 있다.

위에서 살펴본 유학, 심학, 난학은 에도시대를 관통하는 3대 지적 줄기이다. 이 외에도 다양한 사상의 조류와 그를 설파한 사상가들이 에도시대에는 즐비하다. '지식의 경연競演'이라고 해도 좋을 만한 이러한 지식 지형도地形圖의 변화는 일본의 지식인, 사상가들의 개인적 능력이 특별히 출중하여 발생했다기보다는 사회의 구조적 변화에 대응하여 반작용으로 나타난 지적 진화의 과정으로 보는 것이 타당할 것이다. 문제가 있어야 답을 구하는 것이지, 문제가 제시되지도 않았는데 답부터 생각할 수 없는 것과 같은 이치이다. 조선의 지식사 발전 양상이 동시대 일본에 비해 단조로웠다면 그것은 조선 지식인의 능력의 문제가 아니라 그만큼 사회가 정체되어 있었다는 방증이라 할 수 있다.

에도시대 일본 사회는 도시화, 자본화, 시장화의 진전으로 기존의 지식·사상으로는 더 이상 대응하기 어려운 한계 상황에 계속 직면하였고, 이러한 한계 상황을 맞아 지식인들이 시대적 소명의식을 갖고 끊임없이 고민하는 과정에서 다양하고 견고한 지적 토대가 구축되었다. 신분을 넘어 각 직역별로 시대적 변화에 대응하기 위한 신지식이 생산되고 소비되는 현상은 일종의 지식시장의 출현이라고 할 수 있다. 다수의 노벨상 수상자를 배출하며 높은 과학기술, 인문·사회과학 수준을 자랑하는 현대 일본의 지적 역동성과 다양성은 지식이 독점되지 않고 공론의 장에서 경합한 에도시대 지식시장의 태동胎動에 그 뿌리를 두고 있다고 보아야 할 것이다.

제17장

'대망'의 화폐 통일: 삼화제와 화폐 개혁

화폐는 인류의 도구사에 있어 독특한 위치를 차지한다. 보통의 도구는 인간이 도구를 지배하지만, 화폐, 즉 돈은 일단 만들어지면 돈이 인간을 지배한다. 돈만큼 인간의 삶을 좌지우지하는 존재도 없다는 뜻에서 해본 말장난이다. 어쨌거나 가치의 기준이자 교환의 수단으로서 화폐가 인류 역사 발전에 미친 영향은 절대적이다. 화폐 발달사가 곧 경제 발달사라고 해도 과언이 아니다. 화폐가 없었다면 인류는 자급자족이나 물물교환 경제에 머물러 있을 것이다. 에도시대의 일본은 화폐경제가 매우 발달한 사회이다. 전면적인 화폐의 유통은 생산력의 증대 및 유통망의 확충과 맞물려 일본 경제의 질적 고도화와 양적 팽창을 추동하였다. 에도시대에 전근대 사회로서는 이례적인 수준의 전면적 화폐경제가 성립될 수 있었던 이유는 무엇일까? 에도시대의 화폐경제 발달사에는 에도시대의 본질을 이해하는 가장 중요한 힌트가 담겨 있다.

일본은 전국시대까지 화폐경제가 발달한 나라가 아니었다. 발달은커녕 주변국에 비해 낙후된 상태를 면치 못하고 있었다. 자체적으로 주조한 화폐도 있었지만 기본적으로 유통된 것은 도래전渡來錢이라고 불린 송宋과 명明으로부터 수입한 중국 동전이었다. 번은 번대로 자체적으로 화폐를 주조하여 영향권 내에서 유통시키고 있어 화폐제도가 혼란스러웠다. 이 시기까지 화폐가 발달하지 못한 이유는 크게 보아 두 가지이다. 첫 번째는 전국적으로 화폐의 유통을 보장할 통일된 중앙권력의 부재이다. 두 번째는 충분한 귀금속 자산의 부족이다. 현대와 같은 중앙은행의 신용이 뒷받침되지 않는 근대 이전 화폐경제에서 화폐가 화폐로서 기능하기 위해서는 본연의 가치가 있어야 한다. 금, 은, 동 등의 귀금속이 화폐의 출발점이 된 이유이다. 당시 일본에는 화폐 주조에 충당할 만한 충분한 귀금속 자산이 없었다.

금화 은화 동화 3종이 본위화폐로

상황이 일변한 것은 센고쿠시대이다. 생존을 건 치열한 투쟁의 시대상 속에서 사활을 건 귀금속 개발이 추진된다. 개발에 필요한 기술은 두 갈래였다. 하나는 귀금속을 함유한 원광석을 채취하는 채광기술, 다른 하나는 채취한 원광으로부터 귀금속을 얻는 추출기술*이었다. 채광기술의 경우 16세기 중반까지는 지면에 노출된 광맥을 캐는 수준의 노천채광에 머물렀으나, 16세기 말이 되면 지하를 수직으로 파내려가거나, 수평으로 갱도坑道를 만들어 광맥 심부深部에서 채광하는 기술이 보급되면서 채광량이 급격히 증가하였다. 추출기술의 경우 원광에서 납과 은 또는 금을 분리하는 것이 관건이었다. 조선에서 전래된 '회취법灰吹法'과 서양에서 전래된 '난반시보리南蛮絞り법' 등의 연은鉛銀분리법이 잇달아 보급되면서 귀금속 생산량이 급격히 증가하였다. 16세기 말이 되면 이쿠노生野, 이와미石見, 사도佐渡 등의 명광名鑛에서 매달 수 톤에서 수십 톤의 은이 생산되었으며, 17세기 초반 일본의 은 수출량이 연간 200톤에 달했다는 연구결과가 있을 정도로 일본은 세계 유수의 귀금속 생산·보유국이 되었다.

이에야스는 세키가하라 전투에서 승리한 후 여세를 몰아 주요 광산의 확보에 나선다. 그 결과 이즈, 사도, 이쿠노, 이와미 등 양질의 귀금속을 생산하는 금광과 은광이 이에야스의 지배하에 속속 편입되었다. 다케다武田가가 지배하던 고슈甲州(지금의 야마나시현)에서는 센고쿠시대에 고슈킨甲州金이라는 당시 최고 수준의 자체 금화가 유통되고 있었다. 이에야스는 다케다의 영지를 직할령으로 편입시키면서 금광과 광산 기술자들을 확보하여 광산 관리 능력을 흡수하였다. 전국의 주요 금·은광을 확보한 이에야스는 쇼군의 자리에 오르자 이윽고 '대망大望'의 화폐 통일에 나선다.

---

* 이를 야금술冶金術이라고 한다.

게이초 고반慶長小判. 금 85.7퍼센트, 은 14.3퍼
센트의 고품위 화폐이다.

화폐 통일은 천하통일의 상징이다. 주조권을 독점함으로써 시뇨리지
Seigniorage* 효과를 통한 경제적 이익을 챙길 수도 있다. 이에야스는 쇼군
의 막강한 권위와 센고쿠시대를 거치면서 확보된 막대한 귀금속 보유량
을 바탕으로 기존 화폐를 철폐하고 통일 화폐를 주조하여 전국적으로 유
통시킨다. 막부는 보유 자산과 기존의 화폐 유통질서를 감안하여 금화,
은화, 동화의 세 가지 통화를 주조한다. 삼종三種의 화폐가 본위화폐로서
통용된 이러한 제도를 '삼화제三貨制'라고 한다. 이 시기의 화폐제도를
이해하기 위해서는 다소 복잡한 설명이 필요하다.

먼저 염두에 두어야 할 점은 에도의 화폐는 단위가 독립하지 못하고 무
게 단위와 혼용되었다는 점이다. 일단 금화는 '료兩-부分-슈朱-이토메
絲目'의 단위로 발행되었다. 4슈가 1부, 4부가 1료에 해당하는 4진법 체
계의 단위이다. 료는 원래 무게 단위**이다. 금을 화폐화하면서 별도의 단

---

* 화폐 제작 비용과 액면 가치의 차액을 통해 이득을 취하는 것.
** 미터법으로 환산하면 약 37.5그램에 해당한다.

위를 창설하지 않았기 때문에 료는 무게이면서 가치의 단위라는 이중의 성격을 지닌다. 금화는 1료의 가치(또는 무게)가 기재된 '고반小判'을 기준으로 소액 화폐인 니부반킨二分判金, 이치부반킨一分判金, 니슈반킨二朱判金, 잇슈반킨一朱判金 등이 주조되었다. 고반의 7.5~10배에 해당하는 '오반大判'도 있었으나 오반은 채무 변제, 포상, 헌상, 증정 등의 특수한 목적에 사용되었고 실제 유통은 제한적이었다. 4진법 체계의 금화 주조는 고슈킨의 통화체계를 그대로 이어받은 것이었다. 사실 금화는 당시 일본에 희소한 화폐였다. 막부가 천하통일 과정에서 확보한 금보유고를 바탕으로 금화 유통을 확대하려 하였으나, 오사카를 비롯한 서일본의 뿌리 깊은 은본위 체제를 바꾸기에는 역부족이었고, 금화는 주로 에도를 중심으로 유통되었다.

　　은화는 금화와 달리 정액계수화폐가 아니라 소위 '칭량화폐稱量貨幣'로서 무게를 기준으로 하는 화폐이다. 사실 화폐라기보다는 그냥 은덩어

에도시대의 은화인 게이초 조긴慶長丁銀(좌)과 요쓰호 조긴四ツ宝丁銀(우).

리가 화폐로 통용된 것인데, 길쭉한 잎사귀 모양으로 은덩어리ingot(이를 조긴丁銀이라 한다)를 성형하여 그 표면에 해당 중량을 표기함으로써 거래 수단으로서의 사용 편리를 도모한 것이다. 무게의 단위는 칸貫, 몬메匁, 훈分 등을 사용하여 금의 무게 단위와 구별하였다. 1칸은 1000몬메, 1몬메는 10훈으로 은의 무게 단위는 4진법 체계가 아닌 10진법 체계였다. 은을 무게를 기준으로 화폐로 사용하는 것은 중국 유래의 방식이다. 오래전부터 중국과의 교역에 은을 사용하면서 중국식 은화 유통 방식이 오사카를 비롯한 일본 서부 일대에 정착되었는데, 막부가 이를 그대로 받아들인 것이다.

동화는 초기 도래전의 유통을 허용하다가 3대 도쿠가와 이에미쓰 시기에 '간에이쓰호寬永通寶'가 주조되면서 일본 자체 주조의 동전으로 통일되었다. 동화는 '제니錢'라는 이름으로 통칭되었으며, 동전 하나당 1몬文의 가치가 설정되었다. 동화는 일상생활에서 가장 많이 사용되는 화폐로

간에이쓰호. 1636년 주조되었고, 막말까지 유통되었다.

전국적으로 유통되었으나, 그 가치가 작아 큰 규모의 거래 사용에는 적합하지 않았다.

이상에서 볼 수 있듯 삼화제도라는 것은 구래舊來의 통화체계를 그대로 답습하되, 막부가 화폐 주조권을 독점하여 유통시킨 것에 불과하다. 막부는 화폐경제의 의미를 이해하고 그 바탕 위에서 화폐제도를 창설한 것이 아니라, 정치적 권위를 강화하고 경제를 통제하기 위한 수단 정도의 의미로 화폐를 이해하였고, 그에 따라 화폐제도에 일관성과 통일성이 결여되어 있었다. 이러한 제도적 미비점에도 불구하고 화폐 유통이 급속하게 늘어난 것은 앞장에서 설명한 천하보청과 참근교대의 영향이 컸다. 특히 참근교대의 영향은 절대적이었다. 1년을 단위로 에도와 영지를 오가야 하는 다이묘와 그 수행원들은 이동과 에도 체재 기간 중에 막대한 양의 화폐가 필요하였고, 이를 조달하고 사용하는 과정에서 화폐 유통이 급속하게 진전되었다. 참근교대에 수반되어 사용되는 화폐는 연관된 모든 거래에 연쇄적으로 화폐 사용을 유발하였고, 17세기 중반이 되면 일본 사회에 전국적으로 모든 거래가 화폐 결제를 기본으로 하는 화폐경제가 성립한다.

화폐 개혁, 펀치를 맞다

천하보청과 참근교대제의 상호작용으로 운 좋게 화폐의 유통에는 성공하였으나, 사실 막부의 화폐정책은 매우 조악한 것이었다. 화폐를 유통시킨 것까지는 좋았으나, 막부는 경제의 구조적 변화를 이해하지 못하고 통치권 강화를 위해 강권적인 화폐 개혁을 남발하였다. 이에야스 재위 시에 발행된 통일화폐의 기원인 게이초 고반慶長小判과 게이초 조긴慶長丁銀은 유통 편의보다는 정권의 권위를 높이기 위한 목적이 강했기 때문에 금화와 은화의 순도가 각각 85퍼센트, 80퍼센트에 달하는 이례적으로 높은 가치의 화폐로 주조되었다. 이러한 고품위 화폐는 한번 주조되면 화폐 공급량을 늘리기 어렵다. 17세기 초 이래 계속되는 대토목사업, 상품경제 발달, 인구 증가에 따른 경제 팽창으로 화폐 수요는 폭증한 데 반해 시중의 화폐는 오히려 감소하였다. 감소의 원인은 사용에 따른 자연소모도 있었으나 주로 대외 부문에서 비롯되었다. 당시 일본은 중국의 생사生絲, 조선의 인삼을 수입하면서 은을 결제수단으로 사용하였기 때문에 국내에서 생산된 막대한 양의 은이 해외로 유출되었다.

산물의 집산지로서 대규모 거래가 이루어지는 오사카의 주화폐인 은이 대량으로 유출되자 심각한 화폐 경색이 초래된다. 가격이란 상품과 화폐 간의 교환비율이다. 화폐량이 일정한데 상품 공급이 증가하면 화폐의 상대적 가격이 올라갈 수밖에 없다. 통화량 감소는 실물 가격을 하락시켰고, 이는 미곡을 수입원으로 하는 막부의 재정 악화로 이어졌다. 아울러 쌀에 수입收入을 의존하는 무가와 쌀 생산 농가도 소득이 감소하여 사회적 불안이 야기된다. 막부의 금고에 화폐가 마르고 재정 악화가 심각해지자, 막부는 5대 쇼군 도쿠가와 쓰나요시德川綱吉 재위기인 1695년에 전격적인 화폐 개주改鑄를 단행한다. 기존의 금화와 은화를 모두 수거하여 금화·은화의 순도를 각각 57퍼센트, 20퍼센트로 낮춰 개주하는 품위저하 debasement 화폐 개혁이었다. 이때 주조된 화폐를 겐로쿠킨긴元祿金銀이라고 한다. 동일한 액면가의 화폐를 발행하면서 귀금속 함량을 줄이면 남는 귀금속으로 추가 화폐를 발행할 수 있다. 막부는 이때의 개주로 500만 료兩에 해당하는 막대한 주조 차익을 거두었다고 한다.

막부의 금고는 두둑해졌지만, 시장은 혼란을 겪는다. 화폐 개주로 유효 수요가 증가하면서 일정 시기까지는 '겐로쿠 호황'이라는 호경기가 찾아온다. 그러나 갑작스런 화폐 가치의 절하로 인해 시장의 물가 감각이 왜곡되자 완만한 인플레이션을 넘어 경기가 과열되고 버블 현상이 발생한다. 막부는 통화량 조절의 메커니즘을 이해하고 경기 부양을 위해 화폐 개혁을 한 것이 아니다. 화폐 개혁은 당시 시행된 대규모 토지·인구조사〔檢地〕, 금광 개발 등과 함께 막부의 재정 확충 수단의 일환이었을 뿐이다.

실물 수요를 증가시킨 것은 상인들의 심리였다. 막부는 품위저하를 숨기려고 비밀리에 화폐를 주조하였지만, 화폐 보유자들은 그 화폐가 예전만한 가치가 없다는 것을 곧 알게 된다. 기존에 축적한 현금 자산이 일시에 반 토막이 되는 것을 경험한 상인들은 화폐 보유를 꺼리고 현물을 선호하기 시작하였다. 화폐 개주 이후 반짝 호황은 이러한 상인들의 현물자산 선호에 의해 유발된 것이다. 상인들의 비현금자산 보유 선호는 실물 경제와 괴리된 투기적 수요와 가수요를 낳았고, 1700년대가 되면 호황을 넘은 버블 현상이 발생하면서 앙등하는 물가는 새로운 시장 불안정 요인이 되었다.

게이초 고반慶長小判(1601년), 겐로쿠 고반元禄小判(1695년), 호에이 고반宝永小判(1710년), 쇼토쿠 고반正德小判(1714년), 교호 고반享保小判(1714년), 겐분 고반元文小判(1736년), 분세이 고반文政小判(1819년), 덴포 고반天保小判(1837년), 안세이 고반安政小判(1859년), 만엔 고반万延小判(1860년).

더 큰 문제는 그다음이었다. 화폐 개주를 주도한 쓰나요시가 사망하자 6대 쇼군 이에노부家宣와 7대 쇼군 이에쓰구家繼가 연달아 집권한다. 이때에는 쓰나요시 정권에서 화폐 개주를 주도한 세력이 축출되고 주자학 성향이 강한 아라이 하쿠세키新井白石와 마나베 아키후사間部詮房가 실권을 장악하였다. 특히 하쿠세키는 강성 주자학자였다. 화폐 주조에 있어서 시조始祖 이에야스의 뜻을 받드는 것이 후세의 도리라는 주자학적 화폐론을 내세우면서 전 정권의 화폐 개주를 경솔하고 천박한 행위라고 강력히 비판하고, 게이초 화폐로 돌아갈 것을 주장하였다. 하쿠세키의 간언에 따라 1714년 순도를 원래대로 되돌린 '쇼토쿠킨긴正德金銀'이 다시 주조된다. 이번에는 급격한 화폐 경색이 초래되어 현물자산 가치가 급락하면서 시장이 찬 물을 끼얹은 듯 냉각된다. 20년 사이에 50퍼센트 이상의 화폐 가치 변동을 초래하는 화폐 개혁 편치를 연달아 맞으면 어떤 경제도 성할 수가 없을 것이다.

여기저기서 화폐를 구하지 못해 경제가 제대로 돌아가지 않자, 8대 쇼군에 취임한 요시무네는 1736년 다시 품위를 대폭 낮춘 '겐분킨긴元文金銀'을 주조한다. 이 시기의 개주는 초기 인플레이션의 혼란이 다소 있었으나, 막부의 쌀가격 안정 시책, 공공사업을 통한 통화량 공급 등 다양한 보완정책과 맞물려 18세기 후반 일본의 경제가 점진적 인플레이션 기조 속에서 안정적으로 성장하는 데에 기여하였다. 겐분킨긴은 80년 동안 사용되면서 화폐로서의 사명을 다하였다. 그러나 19세기 초반 쇼군의 사치성 지출 등으로 막부 재정이 다시 탕진되자, 막부는 또다시 주조차익을 노린 품위저하 화폐 개주에 나선다. 이러한 양상은 막부의 권력 이양 시까지 계속되었다.

이에야스에 의해 최초로 통일 화폐가 주조된 이후 메이지유신 전까지 260여 년 동안 총 10차례나 화폐가 개주되었으며, 1710년대 쇼토쿠正德의 치治 기간을 제외하면 모두 순도를 떨어뜨리는 품위저하 화폐 개혁이었다. 막부의 재정 보충을 위한 잦은 화폐 개주는 재산권의 안정성을 훼손하고 불확실성을 증가시켜 민간 경제주체에 큰 부담이 되었다. 특히 화폐 개주는 시장(또는 상인들의 권익)과 정치권력이 정면으로 충돌하는 지점으로서 상업세력은 끊임없이 자구 노력을 강구해야 했다.

현대 통화정책론의 관점에서 봤을 때 에도시대의 가장 중요한 과제는 갈등 관계에 있는 공공부문(막부와 무사계급)-상인-농민 간 3자의 이해관계 균형을 조절할 수 있는 통화정책을 모색해야 하는 것이었다. 그러나 에도 막부의 재정난 타개와 주조 차익을 노린 근시안적 통화정책은 시장의 혼란과 사회적 모순을 야기했고, 이는 막부 말기로 가면서 체제 변혁의 필요성에 대한 사회적 공감대 확산의 원인이 되었다.

사실 근세시기 조악한 화폐정책은 에도 막부에서만 보이는 것은 아니다. 같은 시대의 유럽 국가들도 사정은 마찬가지였다. 이를테면, 영국의 헨리 8세는 사치스런 생활과 프랑스, 스코틀랜드와의 전쟁 등으로 왕실 재정이 악화되자 1544년 순도를 대폭 낮춘 품위저하 금화와 은화를 비밀리에 주조하여 기존의 화폐와 섞어서 유통시킨다. 상인들에 의해 저질 주화가 유통되고 있다는 것이 곧 발각되자, 기존의 고품위 화폐는 시장에서 퇴출되고 저질 주화만 유통되는 결과가 초래된다. 이때의 화폐 개주를 'The Great Debasement'라고 하는데, '악화가 양화를 구축驅逐한다'는 그레셤의 법칙Gresham's law이 탄생하게 된 배경이다.

화폐에 대한 신뢰가 저하되자 시장에 대혼란이 야기된다. 물가가 폭등하고, 유럽 대륙의 상인들이 저질 화폐의 수취를 거절함에 따라 교역이 대폭 감소하여 귀족, 서민을 가리지 않고 생활수준이 크게 저하된다. 헨리 8세의 화폐 개주는 다음 왕인 에드워드 6세 때인 1551년 공식 폐기되어 이전의 고품위 화폐가 다시 도입되었으나, 악화가 시장에서 완전히 퇴출될 때까지 화폐 불신의 영향은 계속되어 오랫동안 영국 경제의 발목을 붙잡았다.

통화량, 금리, 물가, 총생산 등 거시경제 지표에 대한 정확한 통계가 잡혀도 각 지표 간 상호관계를 명확히 이해하고 그를 반영한 화폐정책을 수립하는 것은 현대국가에서도 어려운 일이다. 화폐금융론은 수많은 이론이 대립하는 경제학의 가장 뜨거운 감자의 영역이기도 하다. 전근대시기에 전면적 화폐 유통을 가능케 한 물적·제도적 인프라를 구축하였다는 것만으로도 에도 막부는 그 공을 인정받는 것이 마땅한지도 모르겠다.

제18장

'화폐의 덫'과
막부체제의 한계

막부의 정치적 권위 과시와 체제 강화를 위해 발행된 화폐는 막부의 손을 떠나자 막부의 의도와 관계없이 독자적인 길을 걷는다. 다이묘를 견제하기 위해 시행된 참근교대는 막대한 화폐 수요를 유발하였고, 이는 사회 저변에 화폐경제가 급속히 침투하는 데에 큰 영향을 미쳤다. 화폐경제의 진전으로 경제 전반에 근본적·구조적 변화가 촉진되었으나, 막부는 그를 이해하지 못하였다. 화폐의 유통과 보유는 다층적 이해관계를 형성하였고, 그것은 언제까지 정치적 이념이나 강권으로 통제될 수 있는 성질의 것이 아니었다. 체제 안정을 위해 화폐를 만지작거릴수록 막부의 정치적 권위는 실추되었고, 정치적 권위와 시장 원리 간의 힘겨루기 운동장은 시장 쪽으로 기울고 있었다. 막부 화폐제도의 근본적인 문제는 잦은 화폐 개주 정도에 머무르는 것이 아니었다. 화폐 개주 문제를 차치하더라도 막부의 화폐제도는 세 가지 체제 붕괴적인 자기모순을 안고 있었다. 아이러니한 것은 막부의 화폐제도가 일본의 경제 체질을 바꾼 것은 제도의 우수함이 아니라, 이 세 가지 모순이었다는 것이다. 이 모순들은 '화폐의 덫'이 되어 막부체제를 밑동에서부터 해체하기 시작하였다.

이원적 화폐 유통구조와 료가에쇼

첫 번째 모순은 본위화폐인 금화와 은화가 하나의 단위로 연동되지 않고 제각각의 기준으로 유통되었다는 것이다. 특히 물류의 중심지인 오사카와 소비의 중심지인 에도의 본위화폐가 상이한 것은 일국 내 단일통화권의 메리트를 갉아먹는 치명적인 결함이었다. 예를 들면 참근교대를 위해 상경하는 다이묘들은 영지에서 징수한 조공미를 오사카의 상인들에게 판매하여 화폐를 취득해야 했는데 이때 미곡과 교환된 화폐는 은화 기준이었다. 그러나 다이묘들이 막상 에도에 와서 돈을 쓰려면 은화가 아니라 금화가 필요했다. 다이묘들은 은화를 다시 금화로 교환해야 했다. 서쪽의 은본위 통화권, 동쪽의 금본위 통화권이라는 이원적 화폐 유통구조로 인해 일국 내에서 국가 간 외환거래와 같은 화폐 교환 단계가 필요하였던 것이다.

　이러한 제도상의 흠결은 상인 계층에게 새로운 기회를 제공한다. 은화와 금화를 교환하는 서비스를 '료가에兩替', 그를 담당하는 상인들을 '료가에쇼商'라고 한다. 막부는 금화와 은화의 교환 비율을 고시하여 공정公

좌: 에도시대 료가에쇼의 간판.
우: 좌우가 움푹 패인 원형 마크는 지금도 1/10000 지형도에서 은행 기호로 사용되고 있다.

定 환율로 교환될 것을 의도하였으나, 금과 은의 가치가 각 경제권의 통화 및 실물 수급 사정에 의해 변동함에 따라 실제 교환은 공정 환율이 아니라 시장에서의 변동 환율에 따라 이루어졌다. 시장에서 환율이 변동한다는 것은 매수·매도의 타이밍에 따라 시세 차익을 얻을 수 있다는 것을 의미한다. 에도의 료가에쇼가 에도에서 은이 쌀 때 은을 구입하여 오사카에 상품을 주문하면 이중의 이익을 기대할 수 있다. 반대로 오사카의 료가에쇼가 오사카에서 금이 쌀 때 금화를 구입해두었다가 에도에서 금이 비쌀 때 매각하면 환차익을 기대할 수 있었다. 금과 은의 상대적 가격은 금·은 산출 동향, 대외 교역에 따른 금·은의 외부 유출입 상황 등에 의해 오사카와 에도에서 독자적으로 형성되었고, 이는 료가에쇼들이 정보력과 판단력을 바탕으로 차익을 취할 수 있는 기회를 제공하였다. 18세기 초

반 이후 전국적인 해운 물류망의 완성으로 물산 집산지로서의 오사카, 고급소비재 생산 중심지로서의 교토, 소비 중심지로서의 에도 간의 삼각 경제가 전면 가동되면서 은화와 금화 간의 교환 수요는 증가일로에 있었고, 규모가 큰 료가에쇼들은 이러한 환거래를 통해 막대한 자본을 축적하며 대상업자본으로 성장하였다. 미쓰이三井, 스미토모住友 등은 이 시기에 '료가에'업으로 부의 기초를 일군 재벌들이다.

료가에쇼들은 '돈의 유통' 즉 금융을 전문으로 하는 상인으로서 환換 업무 외에도 다양한 금융 업무를 취급하였다. 가장 대표적인 업무가 데가 타手形 발행 업무이다. 삼화제는 거래의 계산과 결제를 복잡하게 하였다. 오사카 등의 물산 집산지에서는 거래의 규모가 과거와는 비교도 할 수 없을 정도로 커졌다. 이러한 시장 상황에 대응하여 료가에는 데가타라는 증권證券을 매개로 당좌예금, 대출, 수표·어음 발행, 송금 등의 상업금융 서비스를 상인들에게 제공하였다.

데가타는 기능에 따라 다양한 종류가 있었다. '아즈카리테가타預り手 形'는 돈을 맡아두었다는 증서이다. 요즘의 양도성 예금증서이다. '후리테가타振り手形'는 발행자가 수취인을 지정하여 교부하면 수취인이 료가에쇼에 이를 제시하여 현금을 지급받을 수 있도록 하는 증서이다. 요즘의 당좌수표 또는 어음에 해당한다.* 료가에쇼의 또 다른 중요 취급업무는 '가와세爲替'이다. 가와세란 원거리 송금 또는 결제의 의미로서, A라는

---

* 후리테가타가 제시되었을 때 발행인의 잔고가 부족하면 료가에쇼가 '돈을 건네줄 수 없다'는 의미의 '후와타리不渡り' 처리를 한다. 이것이 '부도'의 유래이다.

에도의 상인이 B라는 오사카의 상인에게 물품을 주문한 경우 해당 거래의 결제를 완성하는 것이 가와세이다. 초기 단계에는 실제 현금을 운송하는 업무로 시작하였지만, 나중에는 현금이 아닌 '가와세테가타爲替手形'를 송부하는 방식이 주로 사용되었다. 가와세테가타란 료가에쇼가 상호 지불보증 협약을 맺은 다른 료가에쇼에 지불을 의뢰하는 증권이다. 요즘의 전신환 또는 온라인 송금에 해당한다. 데가타는 대형 료가에쇼가 밀집한 오사카에서 상인들 간에 주로 유통되었는데, 현금의 물리적 보유나 이동 필요성을 제거하는 신용화폐의 등장은 당시로서는 어마어마한 액수의 거래가 무리 없이 이루어지도록 하는 새로운 도구적 기초가 되었다.

데가타나 가와세 업무가 성립하기 위해서는 그를 취급하는 료가에쇼에 대한 확고한 신용이 전제되어야 한다. 상인이 여분의 현금을 맡긴다거나, 거래할 때 현금 대신 데가타를 수취하는 것은 료가에쇼에 대한 공적 신뢰 없이는 불가능한 것이다. 이는 현대의 금융기관도 마찬가지이다. 에도시대의 료가에들은 이러한 신용 기반 금융시스템을 자신들의 힘으로 만들어낸다. 료가에쇼들은 일종의 조합인 '가부나카마株仲間'를 형성하여 상호 보증을 통해 창출된 강력한 신용을 바탕으로 어음·수표 등의 신용화폐를 유통시키고, 원격지간 결제를 청산하는 금융서비스를 발전시켰다. 에도시대에 엄청난 규모로 성장한 상업 거래는 이러한 신용 기반 금융시스템이 없었다면 성립할 수 없었다. 이것이 단순한 화폐 유통의 의미를 뛰어넘은 에도시대 화폐경제의 실체이다.

앞서 언급했듯이 화폐의 주조와 유통이라는 측면에서 막부의 제도는 결코 우수하다고 할 수 없다. 조선, 중국에 비해 크게 나을 것도 없었다. 에도시대의 상품경제 발달을 뒷받침한 것은 (현물 화폐를 필요로 하지 않는) 신용금융경제이고, 이는 전적으로 상업세력의 자율적·창의적 노력의 결과물이다. 전근대에서 근대로 진입하는 과정에서 가장 어려운 과제가 금융 근대화이다. 단순 화폐경제를 넘어서는 신용기반 금융에 대한 이해와 제도적 장치는 하루아침에 이루어지는 것이 아니기 때문이다. 에도시대의 료가에쇼들은 근대 금융업에 필적하는 자체 신용금융제도를 오랫동안 발전시키면서 노하우를 축적해왔다. 이러한 근세기 민간 주도 금융의 발달은 근대화시기 서양 금융제도의 일본 내 수용과 자체적 변용에 큰 도움이 되었고, 이는 일본의 급속한 근대화 성공의 결정적 요인이 되었다.

화폐본위경제와 미곡본위경제 병행의 모순

두 번째 모순은 화폐 유통에도 불구하고 미곡본위경제를 병행하였다는 것이다. 즉, 막부와 각 번의 세금 징수와 무사 계급에 대한 급여 지불이라는 공공 세입·세출은 미곡을 기본으로 하였던 것이다. 이는 농본주의 사상에서 완전히 벗어나지 못한 막부 위정자들의 한계였다. 상품경제가 미발달한 폐쇄 경제에서는 조세가 미곡 본위여도 큰 문제가 없다. 화폐가 별로 필요하지 않기 때문이다. 그러나 에도시대의 다이묘와 막부 관료들은 앞서 설명한 대로 참근교대와 도시거주형 소비생활로 인해 반드시 화폐가 필요하였다. 조세 수입은 미곡인 데 반해, 실제 지출은 화폐로 해야 하는 수입수단과 지불수단 간의 불일치는 생각지도 못한 사회 변동을 촉발한다.

무사 계급이 봉록으로 받은 미곡을 화폐로 교환하는 길은 두 갈래이다. 각 번의 다이묘들은 주로 오사카의 대상인들에게 자신의 영지에서 소출된 쌀을 넘기고 이를 화폐로 교환하였다. 추수를 마치고 현물을 납입하여 현금화하는 것이 원칙이나, 봄에 시행되는 참근교대 소요 비용을 마련하기 위해 입도선매立稻先賣 형식으로 미래의 권리를 넘기고 사전 대출을 받는 경우가 많았다. 막부가 징수한 미곡은 일단 에도 아사쿠사淺草의 고메구라米藏(쌀창고)에 집하되었는데, 하타모토旗本, 고케닌御家人 등의 막부 관료들은 자신의 봉록미를 이곳에서 현물로 지급받도록 되어 있었다. 이때 봉록미의 수취, 운반, 매각 등을 대행하는 비즈니스 또는 그 상인들을 '후다사시札差'라고 한다. 후다사시는 봉록미 관련 업무를 대행하고 수수료를 받는 대행 비즈니스로 출발하였으나, 차츰 무사들의 봉록미 수급증서를 담보로 현금을 대출하는 금융 비즈니스로 발전하였고, 금융 대출 규모가 커지자 미곡을 직접 취급하는 현물 비즈니스로 점차 사업 영역을 확대하였다.

후다사시들은 사실 무가의 녹봉에 기생하는 어용상인이다. 그러나 에도시대의 사회적 모순은 이들에게 치부致富의 기회를 제공하였고 종국에는 정치권력을 위협하는 금력을 안겼다. 먼저 무사들은 직접 쌀을 현금으로 바꾸는 것조차 상호 흥정의 이윤 추구 행위로 여겨 후다사시에게 봉록미 처분에 관한 업무를 대행시켰다. 무사는 고상한 신분을 유지하기 위해

체면 값을 치러야 했고, 그에 따른 수수료만큼 무사 계급에서 상인 계급으로 부가 이전되었다. 둘째, 에도시대 전반에 걸쳐 일부 시기를 제외하면 화폐 대비 쌀의 상대적 가격은 하락세를 면치 못했다. 쌀값 하락은 무사들의 화폐 소득 감소를 의미한다. 참근교대와 상품경제의 발달로 소비 지향적 사회가 됨에 따라 무사들의 화폐 수요는 계속 증가하였고, 무사들은 부족한 화폐를 메우기 위해 후다사시들에게 돈을 빌려야 하는 처지가 된다. 이에 따른 이자만큼 또다시 상인들에게 부가 이전되었다. 상인이 봉록미를 담보로 무사에게 대출을 해주는 것을 '다이묘가시大名貸'라고 하는데, 다이묘가시가 보편화되면서 일본의 신분 질서가 출렁인다. 당시 쌀값 하락세와 참근교대 등에 따른 의무적 지출을 감안할 때 무사들이 상인에게 진 빚은 갚을 수 있는 것이 아니었다. 오히려 그해 추수가 아니라 이듬해 추수 분까지 담보로 잡히면서 돈을 빌려야 하는 등 무사 계급의 채무는 계속 쌓여만 갔다.*

후다사시나 료가에쇼를 비롯한 상인들은 대부호가 되었고 이들에 대한 무사 계급의 채무가 누적되자, 상인의 금력이 무사 계급의 신분적 권위를 누르는 사회적 지위 역전 현상이 발생한다. 상인의 경제적 우월성이 확고해질수록 무사와 상인 계층 간의 사회적 역학관계가 변화하고 신분질서

---

* 이는 정치적 권력이 경제적 권력과 괴리되는 현상이라고 할 수 있는데, 이것이 근세 시기 조선과 일본의 가장 대별되는 차이점이다. 조선의 사대부는 경제 활동에 종사하지 않으면서도 장리長利 등의 고리대금업을 통해 부를 축적할 수 있었다. 이로 인해 일부 사대부 계급에게 부가 집중되었고 상업세력이나 부농의 성장도 저해되었다. 당시 정치 규범이던 유교를 자의적으로 해석하여 스스로에게 고리 수취의 면죄부를 내린 조선 사대부의 도덕적 위선이 조선시대 전반에 걸쳐 정체를 야기한 핵심 원인이다.

에 이완 및 균열이 초래되었다. 상인들은 연체가 쌓이는 무사들을 무시하였고 돈이 궁한 무사들은 상인들을 하대하지 못하였다. 상인들의 영향력이 강해질수록 무사들의 불만은 높아갔고 이는 에도시대 내내 사회적 불안요인으로 막부의 부담이 되었다. 막부는 강제 채무 탕감 등 상인들의 재산권을 일방적으로 침해하면서까지 무사의 경제적 곤란을 해결하려 하였으나 미봉책에 불과했고, 효과도 일시적이었다. 막부의 일방적 정책으로 경제적 타격을 입은 상인들도 스스로의 권익을 보호하기 위해 정치권력에 대한 경계심을 갖고 자구책을 마련할 수밖에 없었다.

상인들은 불확실성에 대한 대응력과 대정부 협상력을 높이기 위해 결속과 연대를 추진한다. 에도 막부는 아즈치·모모야마 시대 이래 누구나 시장에 참여할 수 있고 장사를 할 수 있다는 '라쿠이치라쿠자樂市樂座'를 정책 기조로 삼았다. 이에 따라 상인들의 단체 결성을 인정하지 않았다. 상인 세력의 성장을 막고 시장 지배와 독점의 폐해를 방지한다는 명목이었다. 에도 전기前期인 17세기 말까지 막부는 금령禁令을 발령하여 상인들의 결속을 강하게 억제하였다. 공식적으로는 금지되었지만 상인들은 암암리에 가부나카마株仲間라는 폐쇄적 조합을 결성하여 상호 부조를 도모하면서 자체 규약을 만들어 해당 업계의 상거래 질서를 좌지우지하고 있었다. 1723년 막강한 금력을 보유하게 된 후다사시 109인은 정식으로 가부나카마 결성을 인정해줄 것을 막부에 청원한다. 당시 재정난에 신음하던 막부는 농민에 대한 과세율을 상향 조정하고 각 번에도 세금을 부과하는 등 세수 확보에 혈안이 되어 있었다. 막부는 상인의 높아진 사회적 지위와 가부나카마의 자율적 규제 기능을 고려하는 한편, 가부나카마 청원을 상인에 대한 증세의 기회로 보아 기존의 정책을 수정하려는 태도를 보인다. 1724년 막부는 갑론을박 끝에 '묘가킨冥加金'이라는 명목의 세금을 납부하는 조건으로 후다사시 가부나카마를 공식 인가한다. 명단에 등재된 109인, 즉 지분을 의미하는 '가부株' 109계좌의 소유자는 묘가킨을 납부하는 대가로 배타적인 영업권을 행사할 수 있게 되었다.

가부나카마의 공인은 상인의 대정부 협상력을 높이는 계기가 되었다. 가부나카마 공인 이후 오히려 시장질서가 안정되고 세수가 늘어나자 18세기 후반 들어서는 막부가 먼저 나서서 가부나카마 공인을 확대한다. 묘가킨 수입을 통한 세수 증대가 절실하였고, 가부나카마의 조직적 자치 기능이 행정력 전달 수단으로서 유효한 의미가 있어 막부-가부나카마 간 2인 3각의 협조 체제가 통치의 실효성을 높이는 데에 도움이 되었기 때문이다. 이때까지는 몇몇 예외를 제외하면 가부나카마의 독점권은 인정되지 않았다. 가부나카마는 주요 유통 길목을 차지하고 조직의 공신력과 영업력을 바탕으로 우월한 경쟁력을 확보하면서 스스로의 힘으로 존립해야 했다. 19세기 초 막부는 쇼군가의 혼사 등으로 재정 지출이 급격히 늘고 세수가 감소하여 재정이 악화되자 묘가킨 증납增納의 대가로 가부나카마의 독점권을 공인하기 시작한다. 공인된 독점 영업권을 확보한 가부나카마의 '가부株'*는 매우 높은 가치를 갖는 재산권의 성격을 갖게 되어 소

---

* 배타적인 회원권이자 재산권을 의미하게 된 '가부'는 이후 근대화시기에 서양 자본주의의 기초인 'stock'을 '주식株式'으로 번역하는 배경이 된다.

유·양도·담보의 대상물로서 경제 구조에 깊숙이 자리 잡게 된다.

1840년대에 들어 잇따른 자연재해와 막부의 지출 증가로 물가가 치솟자 막부는 가부나카마와 돈야問屋(대도매상)를 물가 앙등의 주범으로 몰아 모든 가부나카마와 돈야를 해체하고 공식·비공식을 불문하고 가부나카마나 돈야의 명칭조차 사용할 수 없도록 강력한 규제에 나섰다. 이러한 일방적 조치는 시장에 예상보다 훨씬 큰 혼란을 불러왔다. 이미 수십 년간 '가부'를 담보 또는 신용의 핵심으로 하는 신용거래와 자금융통의 금융 생태계가 구축되어왔음에도 불구하고, 막부가 시장 상황을 무시하고 거대 상업자본을 제재한다는 명목으로 급진적 조치를 취하자 역효과가 난 것이다. 명목상 자유로운 시장 참여와 경쟁이 보장되었지만 그 혜택은 간접적이고 장기적인 반면, 가부나카마·돈야의 해체로 인한 신용 경색의 여파는 직접적이고 즉각적이었다. 막대한 자금력과 공고한 영업망이 필요한 업종에서는 경쟁의 도입이 무의미하였고, 신규 참여가 쉬운 업종에서는 과당경쟁으로 기존사업자와 신규사업자가 공멸하는 사태가 속출했다. 기존에 서민대출 기능을 담당하던 대상인들은 막부의 규제를 이유로 신규 대출을 중단해버린다. 영세사업자가 운전자금이나 물품구입 자금을 대출받지 못하거나 외상거래가 막히자 빈곤층의 경제적 곤궁이 더욱 가중되었다.

가부나카마·돈야의 해체라는 정부의 개혁 조치로 시장의 혼란이 커지자 막부는 집중적인 비난의 포화를 맞는다. 시장의 압력을 견디지 못한 막부는 해체령이 떨어진 지 불과 10년도 지나지 않은 1851년, 가부나카마와 돈야를 부활시킨다. 이번에는 묘가킨도 징수하지 않았다. 막부의 정책 번복은 막부와 시장의 대결에서 막부가 패배하는 시그널로 시장에서 해석되었다. 그렇지 않아도 내우외환에 시달리던 막부의 권위는 크게 실추된다.

가부나카마의 존재는 독점 또는 경제력 집중의 일부 폐해가 있는 것이 사실이지만, 당시 경제의 구조적·기술적 여건하에서 신용 제공과 자치 기능을 통해 상거래의 안정성을 높이고 양적 확대를 촉진하는 효과가 있었다. 막부는 이러한 현장의 실태를 이해하지 못한 채 구래舊來의 유교적 사고방식으로 시장에 급진적으로 개입함으로써 가뜩이나 어려운 경제를 더욱 혼란스럽게 만들었다. 시장과 괴리된 막부의 상업자본 통제 정책은 번번이 하층민의 삶을 더 어렵게 하는 결과를 초래하였다. 한편으로는 검약을 외치면서 한편으로는 사치를 일삼고, 저질 화폐로의 개주 남발과 증세로 이익을 챙기면서 상업자본의 자율성을 지속적으로 침해하는 막부의 시정施政에 대해 온 나라의 불만이 들끓었다. 시대의 변화에 적응하지 못하고 실천보다 말이 앞서는 정치적 권위의 정당성은 의심될 수밖에 없었고, 그러한 동요는 외부로부터 압력이 가해지자 막부에 대한 저항으로 나타났다. 역사에 '만약'은 없다지만, 막부체제는 외부로부터의 압력이 없었더라도 내부적인 요인으로 붕괴의 길을 걷고 있었다.

중앙화폐와 지역화폐 병존의 모순

막부 화폐제도의 세 번째 모순은 지방 정부의 자체 화폐를 용인했다는 것이다. 에도시대 각 번에서 자체적으로 발행하여 유통시킨 화폐를 '한사쓰藩札'라고 한다. 막부는 막부가 주조한 통일 화폐만을 유통시킬 것을 의도하였으나, 한사쓰의 유통을 막지 못했다. 막부는 한사쓰에 대해 모호한 태도를 취하였다. 막부 주조 화폐의 유통량이 충분치 못하여 지역 말단의 화폐 부족을 호소하는 번의 입장을 무시할 수 없는 사정과, 지역 화폐의 유통이 막부의 권위 실추와 통제력 약화로 이어질 수 있다는 사정이 교차하였기 때문이다. 막부는 시기와 번에 따라 일정한 조건을 부과하여 한사쓰를 허가하거나, 정치적 역학관계 속에서 묵인하거나, 금지 정책을 취하기도 하는 등 일관된 정책을 취하지 못하였다.

막부가 전면적 금지에 나설 수 없었던 이유 중 하나는 다이묘들의 재정난을 초래한 가장 큰 원인이 막부가 부과한 천하보청과 참근교대였기 때문이다. 다이묘들이 당장 재정 부족으로 천하보청이나 참근교대를 이행하지 못하는 상황에서 자금을 융통하기 위해 한사쓰 발행의 필요성을 하소연하면, 막부가 그를 모른 체할 수는 없었다. 막부가 어떠한 태도를 취하건 번으로서는 재정 운용을 위해 한사쓰가 절대적으로 필요하였고, 막부의 불편한 심기를 무릅쓰고라도 한사쓰를 발행하였다. 1872년 막번체제가 붕괴하고 메이지 정부가 한사쓰를 정리하기 위해 전면 조사를 한 결과, 전체 번의 80퍼센트에 달하는 244개의 번에서 한사쓰를 발행하고 있

빈고노쿠니備後国 후쿠야마福山 번에서 교호享保 15년(1730년)에 발행한 한사쓰. 액면은 은 1몬메匁. 발행처 하마구치야濱口屋의 명칭도 보인다.

을 정도로 한사쓰는 에도시대 중기 이후 보편적으로 유통되고 있었다.

한사쓰는, 당연한 말이지만, 해당 번 내에서만 통용되는 지역화폐local currency/community currency이다. 또한 종이쪽지, 즉 지폐의 형태로 발행되는 경우가 일반적이었다. 화폐 자체가 본위자산으로서의 가치를 보유한 화폐를 정화正貨라고 한다. 이에 반해 화폐 자체는 가치가 없지만, 발행권자의 신용에 의해 교환수단으로서의 가치가 인정되는 화폐를 태환권兌換券이라 한다. 태환권은 정화로의 교환이 보장되는 태환화폐와 보장되지 않는 불태환화폐가 있다. 불태환화폐는 발행권자의 신용이 없으면 유통이 아예 불가능하지만, 유통을 시킬 수만 있다면 태환자산 준비고가 필요 없으므로 발행권자가 통화량의 증감을 조절하는 관리통화제를 시행할 수 있는 장점이 있다. 현대의 화폐는 모두 태환성을 포기한 불태환 화폐이다. 한사쓰는 이 중에서 태환지폐에 해당한다고 할 수 있다. 태환지폐는 정화보다 몇 배 더 발행권자에게 이익을 안겨주는 화폐이다. 화폐 제조비용이 매우 저렴하기 때문에 태환 보장에 대한 신뢰만 유지할 수 있으면 발행권자는 큰 주조 차익을 거둘 수 있다. 한사쓰의 발행은 막부도 누리지 못하는 극단적인 시뇨리지 효과를 번에게 안겨주는 것이었다.

한사쓰의 발행 방식은 두 가지이다. 첫째는 전일유통專一流通 방식이다. 번 정부가 번 내에서 막부 발행의 정화 유통을 전면 금지하고 한사쓰의 유통만을 인정하되, 정화로의 교환 요구가 있을 경우 이를 보장하는 것이다. 이 경우 번 내의 모든 정화가 번 정부로 집중됨으로써 번 정부가 태환 준비고(대략 3분의 1 정도)를 제외한 여분을 대내외적으로 운용할 수 있는 재원이 마련되는 효과가 있다. 정화로의 교환 조건을 대외 지불 등 특별한 사정이 있는 경우로 한정함으로써 실질적으로 모든 정화가 번의 관리하에 놓이게 되는 것이 일반적이었다. 두 번째는 혼합유통混合流通 방식으로, 막부의 정화와 한사쓰를 혼용하는 방식이다. 전자의 경우 실질적으로 현대 국제사회의 (기축통화 발행국을 제외한) 주권국이 보유하는 독립된 통화발행권을 행사하는 것과 마찬가지의 의미가 있다.*

막번체제는 번이 막부로부터 벗어나려는 원심력이 완전히 제거되지 않은 불안정한 체제였다. 많은 번들이 막부의 화폐정책이 혼란을 자초할 때

---

* 일본 지방자치제는 민주주의적 자치의 원리도 중요하지만, 지역 사정에 맞는 자체적인 재정 운용을 이념의 기초로 하고 있다. 일본의 지자체가 고도의 재정자치 역량을 갖출 수 있었던 데에는 과거 직접 화폐를 발행하며 독자적으로 국고를 운용한 역사적 경험이 바탕에 있다.

그러한 폐정弊政에 일방적으로 휘둘리지 않기 위해 자강自彊의 길을 모색했다. 만성적인 재정난과 가중되는 징세로 인한 백성의 불만 고조로 위기에 처한 번들이 위기 타파를 위해 추진한 일련의 개혁정책을 '번정개혁藩政改革'이라고 한다. 검약을 통해 재정 지출을 줄이고, 행정체제 일신, 지역산업 장려, 신전 개간 등을 통해 재정을 튼튼히 하는 정책들이 번정개혁의 주요 내용이다. 번정개혁이 큰 성과를 거둔 번은 많지 않다. 대부분의 번들의 거버넌스governance 수준도 막부와 크게 다르지 않았기 때문이다. 그러나 번정개혁에 성공하여 막부의 위세에 대항할 수 있을 정도로 세력을 키운 번도 있다. 특히 서남지역의 번들에서 이러한 동향이 두드러졌다.

이 지역을 대표하는 조슈번, 사쓰마번, 구마모토번, 도사번 등은 지리적·역사적으로 막부에 대한 반감이 크고, 국외 세력과의 접촉이 유리한 번들이었다. 이들은 막부의 통치력이 느슨해지는 틈을 타서 각종 전매사업과 심지어 밀무역을 통해 얻어진 재원으로 번 재정을 지속적으로 확충하였다. 이렇게 확보된 재원은 인재 육성을 위한 번교의 설립과 확충, 유능한 경세가 및 전문가 초빙, 각종 서양 신무기 등 전략물자 구입, 시설의 확충에 투입되었다. 한마디로 독자적인 부국강병·식산흥업 정책의 추진이었다. 상세한 기록은 남아 있지 않지만, 서남지역 번들의 개혁 정책 추진을 위한 재정지출에 한사쓰가 적극 활용되었던 것으로 추측된다. 원거리 참근교대 등으로 만성적 화폐 부족에 신음하던 서남지역의 번들은 한사쓰라는 재정 지출 수단이 없었다면 야심찬 자강 정책을 위한 재원을 마련하는 것이 쉽지 않았을 것이다.

　이를테면, 몇몇 개혁 마인드가 뛰어난 번들이 역량을 집중한 정책의 하나가 전매專賣사업이었다. 이들의 전매사업은 단순히 민간의 수익을 번으로 이전시키는 수준을 넘어서는 고도의 국가 경영 전략의 일환이었다. 이때의 전매사업은 전략적 상품을 선정해 공공 재원을 투자해 경쟁력을 키운 후, 교역을 통해 경화硬貨를 획득하는 일종의 국가주도형 수출산업 육성책이었다. 인력, 기술, 설비 등 해당 전매사업의 기초를 닦는 데에 소요되는 비용은 한사쓰로 파이낸싱되는 경우가 많았다. 사쓰마번은 설탕 밀무역을 하면서 사탕수수 재배지에 동원된 노동자들에 대한 임금을 모두 한사쓰로 지급하였다. 투입되는 비용은 한사쓰로 지불하고 수익은 정화로 지불받게 되니 번의 재정은 두터워질 수밖에 없다. 사쓰마번은 그렇게 확보된 재원으로 서양에 시찰단을 파견하고 서양의 신무기를 도입하여 막부에 대항할 수 있는 실력을 길렀다. 사쓰마번과 조슈번은 막부 타도의 선봉에 선 번들이다. 막부의 화폐 지배력이 절대적이었다면 이들이 막부의 통제를 벗어나 독자적인 힘을 축적하기는 어려웠을 것이다. 막부가 화폐 지배력을 강화하기 위해서는 근본적으로 화폐 공급량을 늘려야 했으나, 화폐의 개념이 금·은 본위화폐 주조 수준에서 벗어나지 못했던 막부는 자신의 정치적 권위로 신용을 창출하여 그를 화폐로 전환시키는 발상을 하지 못했다.

　막부가 수립한 화폐제도의 모순은 시장으로 권력이 넘어가고, 신분제가 흔들리고, 번에 대한 통제력이 약화되는 삼중고를 막부에게 안겨주었다. 무엇보다 상품경제의 발달, 시장경제의 진전은 각 경제 주체의 사적 자치와 재산권 보장에 대한 욕구를 유발하였고, 이는 다시 정치적 권위의 절대 우위가 지배하는 전근대 체제의 정당성에 대한 근본적 의문으로 이어졌다. 이에야스는 천하통일을 이룬 후, 참근교대와 천하보청이라는 벽돌로 견고한 성벽을 쌓고 안정적 통치의 기틀을 마련하였으나, 그 성벽은 화폐제도의 모순에 의해 발생한 균열을 견디지 못하고 260여 년 만에 무너지고 만다. 그러나 그 260여 년 동안 일본은 약한 강도의 권력 투쟁과 체제 저항은 있을지언정, 평화와 번영의 태평성세를 구가하며 경제·사회·문화 제반 측면에서 비약적으로 발전하였다. 이 시기의 발전이야말로 일본 근대화의 토대이고 현대 일본 사회의 원점이라고 해도 과언이 아니다. 점증하는 내부의 모순과 외부의 압력을 맞아 비록 이에야스가 꿈꾼 천년 막부 통치는 좌절되었지만, 에도시대 260여 년이 어떠한 국가의 어떠한 시기의 역사에 견주어도 뒤지지 않는 찬란한 업적을 이룬 위대한 시대였음에는 틀림이 없다.

에도시대 말기 내부 모순과 서양세력의 압력이라는 내우외환에 직면한 일본의 지식인들은 '문명'의 의미에 대해 숙고한다. 일본에서는 매우 유명하지만 한국에서는 거의 알려져 있지 않은 헨리 토머스 버클Henry Thomas Buckle이라는 영국의 재야 역사학자가 있다. 버클은 실증주의 역사학의 입장에서 역사학에도 과학적 법칙이 있다고 주장하면서 문명 진보의 관점에서 비교역사학을 전개했다. 그는 1857년에 출간된 『영국 문명사History of Civilization in England』라는 저술에서, 문명의 진보를 결정하는 것은 집단 지성의 축적이며, 그 축적은 부의 창출과 분배에 의해 결정된다고 주장하였다. 그리고 집단 지성 축적의 과정을 종교적 권위와 전사戰士 집단의 영향으로부터 시민사회(부르주아가 주도하는 사적 자치와 사유재산권이 보장되는 사회)가 독립하고 성장하는 과정과 결부시켰다. 그는 경제학을 찬양하였다. 그는 전사 집단, 즉 구지배세력의 호전성에 의해 부가 창출되는 것이 아니라, 경제학에 의해 부가 평화적으로 창출될 수 있음이 증명되고, 이에 따라 사회의 주도권이 전사 집단에서 시민사회로 이양되고 보호주의에서 자유주의로 이행하는 과정이 문명 진보의 원동력이라고 역설하였다. 그는 애덤 스미스에 대해 "이 고독한 스코틀랜드인은 단 한 권의 저작으로 역사상의 모든 정치가를 합친 것보다 인류 행복에 더 큰 공헌을 했다"고 찬사를 보내며 문명의 척도로서 시장경제 원리와 자유주의가 갖는 의미를 강조하였다. 그는 이러한 기준을 적용하여 잉글랜드를 가장 문명이 진보한 국가로, 프랑스·스코틀랜드는 그보다 한 수 밑, 스페인은 한참 뒤떨어지는 나라로 평가하였다.

버클의 문명론은 일본 지식인들 사이에서 열렬한 지지를 받았다. 후쿠자와 유키치가 『문명론지개략文明論之槪略』에서 미신·구습舊習에의 의존 정도, 학문의 발달 정도, 사회적 신뢰의 정도, 창의적 발상의 수용 정도 등을 기준으로 한 나라의 수준을 '야만-반개半開-문명'의 3단계로 서열화하여 제시한 것도 버클의 영향이었다. 버클의 저작은 당대 구미사회에서 화제작이기도 했지만, 일본 지식인들 입장에서는 버클의 이론이 특별히 매력적일 수밖에 없었다. 버클의 이론 속에서 전개되는 문명의 진보 과정은 일본이 처한 현실에 던지는 시사점이 너무나 많았다. 버클의 문명 진보론의 틀에 무가가 지배하는 봉건체제 속에서 조닌 계층에 의해 끊임없이 시장이 확대되고 부가 창출된 일본의 역사를 대입시키고, 지성의 축적과 시민사회 성장이 미흡한 일본을 반개 상태로 규정하면, 향후 문명의 진보를 위해 일본이 추구해야 할 방향성이 명확해지기 때문이다. 이는 달리 말하면 당시 일본 지식인들이 유럽 문명사에서 자신들의 좌표를 발견하고 맥락을 이해함으로써 그에 동참하는 방안을 모색하는 지적 수준에 도달해 있었다는 것을 의미한다.

한국인들이 일상적으로 쓰는 '억울'이라는 말은 한자어로 '抑鬱'이라고 쓴다. 일본에도 같은 단어가 있다. 한국어와의 차이점은 일본어의 '억울'은 정신병리학상의 용어로 심하게 기분이 침체되어 있는 'deep depression'의 심리상태를 말한다. 한일사전을 검색하면 '억울하다'의 대응어로 '悔しい(구야시이)'가 가장 많이 제시된다. 그러나 엄밀히 말하면 두 단어는 맥락과 뉘앙스가 다르다. 한국어의 '억울하다'는 '자신의 잘못이 아닌 남의 잘못으로 자신이 안 좋은 일을 당하거나 나쁜 처지에 빠져 화가 나거나 상심하는 것'을 의미하는 데 반해, 일본어의 '구야시이'는 '자신이 마음먹은 대로 일이 이루어지지 않거나, 남과의 경쟁에서 패하거나, 남이 자신에게 해코지를 하여 분하거나 유감의 심정이 되는 것'을 의미한다.

　비슷한 것 아니냐고 반문하는 사람이 있을지도 모르지만, 개인적으로는 많은 차이가 있다고 생각한다. '억울하다'고 느끼는 사람은 남을 원망하는 마음에 이르게 되지만, '구야시이'하다고 느끼는 사람은 자신을 책망하는 마음에 이르게 된다. 그래서 억울하다고 느끼는 사람은 남이 바뀌어야 한다고 생각하지만, 구야시이하다고 느끼는 사람은 자신을 바꿔야 한다고 생각한다. 억울함은 '한恨'으로 이어진다. 한국인에게 '한'은 복수심을 의미하기도 하지만 많은 경우 어쩔 수 없음을 스스로 삭혀야 하는 속절없는 원망과 체념의 심정을 내포한다. 일본의 구야시이도 '한'으로 연결되지만, 이는 '통한痛恨'의 의미로서 자신을 바꿔 자신을 분하게 만든 상대에게 설욕하겠다는 '절치부심切齒腐心'의 결의를 내포한다. 그래서 한국의 '억울하다'에 비해 일본의 '구야시이'가 더 강렬한 심리적 에너지장場을 형성하고 현실의 변화를 수반할 가능성이 높은 심리이다. 지나친 단순화이지만, 한국과 일본 간에는 그러한 심리와 성향의 차이가 있고, 그것이 언어에 반영되어 있다고 생각한다.

치외법권extraterritoriality 또는 영사재판capitulation/extraterritorial jurisdiction이라는 제도가 있다. 제국주의 시대에 유럽국이 비유럽지역에서 문명의 이질성과 법제의 미성숙을 이유로 자국민에 대한 주재국의 재판관할권을 인정하지 않는 제도이다. 반제·반식민주의 입장에서 보면 일방적이고 불평등한 불의不義의 조항이다. 주권평등, 민족자결, 상호주의 등을 추구하는 현대 국제사회 이념에서 볼 때 제국주의 시대의 부負의 유산이고 반성해야 할 역사임에 틀림없다. 현대 사회에서 치외법권, 영사재판을 옹호할 사람은 없을 것이다. 그러나 내가 만약 19세기 어떤 유럽국의 극동담당 외교관이라고 가정하고, '극동 지역의 국가와 수교 조약을 체결할 때 어떤 자세로 임했을까?'라는 생각을 해보면 갑자기 머릿속이 복잡해진다.

국교를 수립하면 상품과 인간이 국경을 넘어 출입하고 이동하게 된다. '그러한 출입과 이동의 허용 범위와 한계를 어떻게 정할 것인가?', '주권의 상징인 과세 문제는 어떻게 할 것인가?' 등등을 검토해가는 과정에서 반드시 봉착하는 문제가 있다. '자국민 보호'의 문제이다. 한국 내에서 항상 외교부를 비판할 때 거론되는 단골 메뉴도 '도대체 대한민국의 외교부는 자국민 보호를 어떻게 하는 것인가?'이다. 자국민 보호에 있어 가장 중요한 요소가 사법권이다. 자국민이 범죄 또는 위법행위와 관련되었을 때 법적 처리의 문제이다. 19세기 말 시점에서 유럽국 간에는 사법제도에 대한 상호 양해가 있으니 속지주의가 적용되지만, 비유럽국가의 경우에는 사정이 다르다. 문명의 상징인 사법제도의 현실이 완전히 다른 것이다.

이러한 상황에서 자국민 보호를 관철하는 방식이 재판관할권에 있어 속지주의의 예외를 두는 치외법권, 영사재판의 적용이다. 물론 '싫다는 상대를 왜 억지로 팔을 비틀어 일방적인 불평등을 강요하는가?'라는 비판은 얼마든지 가능하다. 그러나 소셜 다위니즘과 기독교 정신에 바탕한 계몽주의가 별 저항감 없이 통용되던 시대였다. 힘과 이익의 동기가 자연의 법칙으로 치환되고, 불평등은 자국민 보호의 이름으로 정당화되던 시대였다. 비판으로 속은 후련해질지 모르지만 바뀌는 현실은 없다. 중국은 그 부당한 처사를 영국에게 당했고, 일본은 미국에게 당했고, 조선은 일본에게 당했다. 한국의 역사 교육은 이러한 불평등의 강요가 얼마나 천인공노할 짓인지를 만천하에 드러내는 데에 초점이 맞춰져 있다. 강요의 주체인 일본의 정의롭지 못함과 무도함을 밝히는 것을 교육의 목표로 삼는다. 그것은 그것대로 각국의 가치관과 교육관에 따라 그럴 수 있다. 일본도 한국과 마찬가지로 구미 열강 세력에 당한 불평등에 대해 분개하고 분노한다. 그러나 일본의 역사 교육은 거기에서 머무르지 않는다.

'유럽으로부터 불평등 조항을 강요당한 것은 일본의 사법제도가 그들로부터 인정받지 못한 탓이다. 그들로부터 인정을 받을 수 있는 사법제도를 구축하고 불평등을 해소해야 한다.' 당시 일본 위정자들은 그렇게 생각했다. 1854년 개국 이래 불평등조약의 개정은 일본 사회의 지상과제가 되었다. 내로라하는 뜻있는 지식인들이 구미로 건너가 그들의 법제를 습득하고 외국의 전문가를 초빙해 지도를 청하고 국가 지성의 총력을 기울여 법제의 근대화에 매진한다. 이러한 노력의 결과, 1880년 형법과 형사소송법 제정을 필두로 1889년 헌법, 1896년 민법 등 소위 '법전'이라 불리는 6법 체계가 완성되었다. 유럽의 법제를 철저히 연구하여 제정한 법률들이다. 유럽국들이 더 이상 법체계의 이질성, 미성숙성을 이유로 불평등을 강요할 수 없도록 준비를 단단히 한 일본은 당당하게 기존의 불평등 조항의 파기와 개정을 요구한다.

일본 정부는 1892년 포르투갈의 영사재판권을 포기시키고, 1894년 청일전쟁의 승리를 기화로 영국을 강하게 몰아붙여 기존의 불평등조약을 개정한 '일영통상항해조약日英通商航海條約'을 체결하고 사법 주권을 회복하였다. 유럽세력의 좌장인 영국과 조약을 개정하면 그다음부터는 일사천리이다. 20세기가 되기 전에 일본은 구미 국가들과의 관계에서 사법 주권을 회복하였다. 불평등조약을 강요당한 분함을 계기로 대등한 관계를 인정받겠다는 집념이 기어코 불평등조항의 폐기를 이끌어냈고, 그러한 굴욕이 오히려 조기 근대화의 자극제로 작용한 것이다. 이러한 집단

지성 축적의 스토리와 그 기틀을 닦은 지식인들의 고뇌와 성취의 에피소 드가 후세에 전해져 일본인들의 역사관과 세계관을 형성하였다.

　일본인들은 그렇게 역사를 바라보고, 가르치고, 배운다. 그리고 그것이 가장 깨끗한 설욕이라고 생각한다. 스스로 강요당한 불평등을 조선에 다 시 강요한 일본을 부도덕하고 악한 나라라고 비판하는 것은 자유이다. 그 러나 일본은 스스로 주권을 회복하였고 조선은 회복하지 못하였다. 그 역 사로부터 배워야 할 것은 없는가? 이것이 한국의 역사관이 답을 찾아야 할 올바른 질문이라고 생각한다.

도판 출처

107쪽 https://en.wikipedia.org/wiki/Meirinkan

110쪽 https://ja.wikipedia.org/wiki/昌平坂学問所

139쪽 https://commons.wikimedia.org/wiki/File:Wooden_human_skeleton.jpg

143쪽 https://en.wikipedia.org/wiki/Inō_Tadataka

149쪽(하) https://de.wikipedia.org/wiki/Inō_Tadataka

196쪽(우) https://ja.wikipedia.org/wiki/李参平

226쪽 https://ja.wikipedia.org/wiki/石田梅岩

241쪽 https://ja.wikipedia.org/wiki/寛永通宝

245쪽 https://ja.wikipedia.org/wiki/小判

251쪽(좌) https://commons.wikimedia.org/wiki/File:Asa_ga_Kita_(14).JPG

학교에서 가르쳐주지 않는 일본사
훈련된 외교관의 시각으로 풀어낸 에도시대 이야기

2017년 8월 7일 초판 1쇄 펴냄
2024년 2월 21일 초판 15쇄 펴냄

지은이 신상목

펴낸이 정종주
편집주간 박윤선
편집 박소진 김신일
마케팅 김창덕

펴낸곳 도서출판 뿌리와이파리
등록번호 제10-2201호(2001년 8월 21일)
주소 서울시 마포구 월드컵로 128-4 2층
전화 02)324-2142~3
전송 02)324-2150
전자우편 puripari@hanmail.net

디자인 이석운
지도 Map.ing

종이 화인페이퍼
인쇄 및 제본 영신사
라미네이팅 금성산업

ⓒ 신상목, 2017

값 15,000원
ISBN 978-89-6462-088-5 (03910)

이 도서의 국립중앙도서관 출판예정도서목록(CIP)은 서지정보유통지원시스템 홈페이지(http://seoji.
nl.go.kr)와 국가자료공동목록시스템(http://www.nl.go.kr/kolisnet)에서 이용하실 수 있습니다.
(CIP 제어번호: CIP2017017720)